[美]雷吉·菲尔斯-埃米
（Reggie Fils-Aimé）著

王晓栋 彭书琳 译

游戏颠覆者

从贫民窟之子到任天堂总裁

DISRUPTING THE GAME
FROM THE BRONX TO THE TOP OF NINTENDO

中国出版集团
中译出版社

DISRUPTING THE GAME: FROM THE BRONX TO THE TOP OF NINTENDO
Copyright © 2022 by Reggie Fils-Aimé
Published by arrangement with HarperCollins Focus, LLC.
The simplified Chinese translation copyright © 2024 by China Translation and Publishing House
ALL RIGHTS RESERVED.

著作权合同登记号：图字01-2023-1203号

图书在版编目（CIP）数据

游戏颠覆者：从贫民窟之子到任天堂总裁/（美）雷吉·菲尔斯–埃米（Reggie Fils-Aimé）著；王晓栋，彭书琳译. -- 北京：中译出版社，2024.6

书名原文：DISRUPTING THE GAME: FROM THE BRONX TO THE TOP OF NINTENDO

ISBN 978-7-5001-7488-2

Ⅰ.①游… Ⅱ.①雷…②王…③彭… Ⅲ.①雷吉·菲尔斯–埃米–自传 Ⅳ.①K837.125.38

中国国家版本馆CIP数据核字（2023）第191617号

游戏颠覆者：从贫民窟之子到任天堂总裁
YOUXI DIANFUZHE：CONG PINMINKU ZHI ZI DAO RENTIANTANG ZONGCAI

出版发行：	中译出版社
地　　址：	北京市西城区新街口外大街28号普天德胜大厦主楼4层
电　　话：	（010）68005858；68359827（发行部）；68357328（编辑部）
邮　　编：	100088
电子邮箱：	book@ctph.com.cn
网　　址：	http://www.ctph.com.cn

出 版 人：	乔卫兵	总 策 划：	刘永淳
策划编辑：	郭宇佳　马雨晨	责任编辑：	黄亚超
文字编辑：	马雨晨　邓　薇	封面设计：	潘　峰
版权支持：	马燕琦		

排　　版：	北京中文天地文化艺术有限公司		
印　　刷：	北京新华印刷有限公司	经　　销：	新华书店
规　　格：	880 mm×1230 mm　1/32		
印　　张：	9.5	字　　数：	141千字
版　　次：	2024年6月第1版	印　　次：	2024年6月第1次

ISBN 978-7-5001-7488-2　　　　定价：69.00元

版权所有　侵权必究
中　译　出　版　社

灵犀
LinkseeR

前　言

非常幸运的是，我可以在能力和机会的交汇中度过一生。这句话改编自古罗马哲学家塞涅卡（Seneca）对运气的定义："运气就是为遇见机会而做的准备。"

其实我并非幸运儿。

我的父母是海地移民，小时候我们一家人生活在纽约（New York）布朗克斯区（Bronx）①的廉价公寓里。因为学

---

① 布朗克斯区是美国纽约市 5 个行政区中最北面的一个，是纽约有名的贫民窟，居民以非洲和拉丁美洲后裔为主。——译者注（若无特殊说明，本书脚注均为译者注或编者注）

习成绩优秀，我获得了奖学金，进入康奈尔大学（Cornell University）学习。非常幸运，我在职业生涯早期做了许多不错的工作，遇到了许多优秀的老板，但我也做过一些不太靠谱的工作。有机会担任任天堂美国公司（Nintendo of America Inc.，简称 NOA）的总裁并在这个职位上取得成功，我靠的不是运气，而是因为我总能充分利用好每一个机会。

体验全新的事情，拥有永不满足的好奇心，这两点特质推动着我不断学习。我会问无数的问题；我想了解一些事情，这些事情不仅仅局限于某个狭窄的兴趣领域；我不只是为了知识而获取知识，还想利用知识让自己成为更好的领导者和颠覆者；我能为一些看起来无法解决的问题提出创新的解决方案，这都是知识的功劳。

看到别人没能立即看到的成功之路，我的机会就来了。因此我经常选择意料之外的非常规道路。

随着生活水平的提高和事业的进步，我开始把自己的思考归纳为重要的核心经验。对我来说，这些经验为如何处理问题、如何决策奠定了基础。这些经验来自我的亲身经历和他人的教训，它们提供了一条捷径，帮助我向前迈进。在生活中和公司里应用这些经验，我可以避免做出经不起时间考验的决定。

这本书分享了我生活中的故事和一路走来的经验，我希望它能帮到你，让你提升自己的能力，从而迅速抓住由自己创造的或突然出现在你面前的机会。

我将以"小贴士"的方式介绍这些经验，告诉你"这意味着什么、为什么很重要"。这些宝贵的经验穿插在我的故事中，希望它们能让你有所启发，在自己的人生旅程中取得成就。

目　录

一　永别朋友 / 001

二　少年时代 / 018

三　求学生涯 / 027

四　崭露头角 / 043

五　及时止损 / 062

六　过于积极 / 077

七　音乐之后 / 102

八　新的邀约 / 121

九　京都工匠 / 135

十　踢爆对手 / 153

十一　实现愿景 / 176

十二　跌宕起伏 / 186

十三　大胆决定 / 212

十四　拨云见日 / 233

十五　巨大转变 / 251

十六　全新一代 / 264

后　记 / 279

致　谢 / 291

永别朋友

到目前为止,这是我经历过的最艰难的一次旅行。倒不是因为在 6 个月内我飞往了日本 3 次,也不是因为附近的台风使飞机在整个飞行途中剧烈颠簸。

这次旅行之所以异常艰难,是因为我要去京都参加任天堂(Nintendo)[①] 全球总裁岩田聪(Satoru Iwata)[②] 先生

[①] 任天堂是日本一家以从事电子游戏软硬件开发为主的公司,创立于 1889 年 9 月 23 日,总部位于日本京都市。任天堂被誉为"电子游戏业三巨头之一",是现代电子游戏产业的开创者。

[②] 岩田聪于 2002 年 5 月起担任任天堂公司第 4 任全球总裁(社长),2013 年 4 月起同时就任任天堂美国公司的首席执行官(CEO)。

的追悼会。岩田先生是我的老板、我的导师，也是我的朋友。

毫无疑问，在飞行中我感到烦躁不安，因为我知道我的朋友去世了。

我没有办法为这样的旅行做好准备，只能不断提醒自己有关追悼会的礼节：我要以特定方式走到瞻仰遗体的区域，捏住香，举过额头。我知道我的一举一动都会受到密切关注。我觉得追悼会上不会再有第 2 个美国黑人。作为任天堂美国公司的总裁，我总是能引起人们的注意。

自从 2015 年 3 月我最后一次见岩田先生到现在，才过了几个月时间。当时他给我发来电子邮件，邀请我去日本，那天正好是我的生日。我觉得很奇怪，因为在那年 1 月下旬，我刚刚去过一次日本，照例参加了一年两次、为期一周的访问，在这期间还与公司的高层领导一起讨论商业战略和即将推出的产品。这么快又让我回来，这种情况着实不太常见。

3 月的这次旅行令人出乎意料。我曾问过岩田先生此行的详细目的，他对此含糊其词。我向他解释道，他坚持要我访问任天堂公司日本总部（Nintendo Co., Ltd.，简称

NCL），会影响到我和妻子的生日计划，但他一点儿也听不进去。他坚定地表示，希望我能在京都陪他一起度过3天特别的时间。

同样奇怪的是，岩田先生希望我在上午8点半到达他的办公室，而他通常9点才开始工作。没想到这个要求给我进入任天堂公司日本总部时制造了一点儿"麻烦"。总部大楼的玻璃混凝土外观和大理石入口给人以冰冷而朴实的感觉，尤其是在清晨。像日本大多数公司一样，任天堂给员工规定了严格的工作时间。在大楼里，你会听到多种铃声，分别代表工作日的开始、午休开始和结束。但在一天结束时，我不记得听到过铃声，也许公司认为并不需要提醒员工是时候下班回家了。

幸运的是，岩田先生的助理早早就来到了办公室，她正等着帮我按电梯、为我开门——要到达7楼的行政办公区域，只能使用这部特定的电梯，在早晨还未正式上班的时间段，需要刷钥匙卡才行。

我跟着助理到了一间小会议室。在此次访问期间，这里也将是我的办公室。我脱下大衣，开始登录无线网络。任天堂非常重视网络安全，即使作为公司高管，每次来访问时，我都会拿到一个独特的登录账户和密码组合。我总是会提前到达，确保在第一次会议开始之前可以完全连接上网络。

上午 8 点半，岩田先生的助手来找我，把我带进了办公室。

虽然岩田先生担任公司的全球总裁已经超过 10 年之久，但他并没有搬进 3 位前任总裁使用过的那间大型总裁办公室。相反，他更喜欢设计简单的办公室。他的办公桌就摆放在整间矩形会议室里的最前方，除此外还可以再容纳 12 个人。房间里有两个大的电视屏幕，可以用来演讲或展示研发中的电子游戏，除此之外岩田先生还有许多柜子，其中装满了书籍、电子游戏卡、游戏配件和游戏手柄。与其说这是一位公司总裁的办公室，不如说是一位游戏创作者的办公室。

像往常一样寒暄过后，岩田先生请我坐下，我仔细端详着他的脸。接着，他告诉了我一定要我跑这一趟的原因："雷吉，我的癌症复发了。"

我感到很震惊。虽然此前因为疾病和手术，岩田先生已经消瘦了不少，但他的精力十分旺盛。就在几天前，他还宣布了一项重大投资，准备让任天堂进军手机游戏市场。似乎所有迹象都表明他已经战胜了癌症。而此刻，我却看到他忧心忡忡。他专门把我召回京都，亲自告诉我这件事，这大大加剧了我的焦虑。我专注地倾听着他分享的每个细节。

我们谈了很久他的病情以及未来的治疗方案。岩田先生详细和我分享了他想尝试的先进医学疗法。除了高科技方法外，他还告诉我，妻子正在给他调制特殊的果汁和蛋白质饮料，他可以在早上和中午饮用，以期改善身体的整体情况。对他来说，有些选择似乎微不足道，但他不得不考虑。

过了一会儿，岩田先生谈话的语气发生了变化。他说："雷吉，跟你谈这些只是我希望你来京都的一部分原因。我们还得讨论其他事情。我们需要讨论即将推出的新设备。我想让你看看早期的游戏，让你亲手感受一下原型机。我们得做好规划，因为这款设备对任天堂的未来至关重要。"

像这样转变对话的主题是岩田先生的典型特征，他把公司业务放在个人需求之前。我确信，在他看来，既然我们已经谈完了他的个人状况，那么就该继续讨论公司业务了。

在这次访问剩下的时间里，我们开了一系列会议，讨论了有关任天堂切换游戏模式游戏机（Nintendo Switch，即任天堂 Switch，简称 Switch 或 NS）①的全部细节。这些会议都与公司业务有关，但是当岩田先生和我吃午饭时，或者当我在某个会议结束后的深夜回到酒店时，我又会想起困扰他的疾病。

岩田先生和我有着深厚的友谊。我们友谊的基础是相互尊重，我们钦佩彼此对公司而言十分重要的核心才能。岩田先生是一位出色的游戏开发者和程序员。在任天堂公司历史上，他参与了许多伟大的项目，做出了自己的贡献。这些项目包括《宝可梦》(*Pokémon*)②、《星之卡比》(*Kirby*) 和《任天堂明星大乱斗》(*Super Smash Bros*)。

我负责市场营销和业务创新，将顾客洞见和商业知识整合到公司决策中。在工作中，我们互相信任，也互相挑战。

---

① 任天堂 Switch 是任天堂于 2017 年 1 月发布的游戏机，拥有可拆卸手柄和可分离式主机。

② 《宝可梦》是由游戏狂想家（Game Freak）开发、任天堂与宝可梦公司发行的系列电子游戏。该系列以角色扮演游戏为核心，首部作品于 1996 年发行。

任天堂Wii游戏机（Nintendo Wii，简称Wii）[1]的发布广告是一个很好的例子。这个广告是由我完成的，投放在美洲地区。那是在2006年秋天，我刚刚从销售和营销执行副总裁晋升为任天堂美国公司的总裁兼首席运营官（COO）。在广告中，两位日本商人穿越美洲，展示了任天堂的创新之作，大家关注的重点是游戏控制器：神奇的Wii遥控器（Wii Remote）[2]。

岩田先生带领京都的团队研发了Wii遥控器。其中关键的创新是动作感应技术——你能通过移动遥控器来玩游戏。玩家可以像挥动棒球比赛中的球棒一样挥动遥控器，或者通过摆动手臂来挥动球拍，玩虚拟网球游戏。

这个广告非常吸引人，因为我们展示出了不同玩家通过Wii遥控器获得的多样游戏体验。广告中，两位日本商

---

[1] 任天堂Wii游戏机是任天堂于2006年11月推出的家用游戏机，首次将体感引入电视游戏主机，其开发代号"革命"（Revolution）表明了电子游戏的革命。

[2] Wii遥控器是Wii游戏机的主要控制器（摇杆）。Wii遥控器的外形为棒状，就如同电视遥控器一样，可单手操作。除了像一般遥控器可以用按钮来控制，它还有两项功能：指向定位及动作感应。前者就如同光线枪或鼠标一般可以控制屏幕上的光标，后者可侦测三维空间中的移动及旋转，将两者结合可以达成所谓的"体感操作"。

人和多个家庭展开了互动，体验各种Wii电子游戏，做出有趣的动作和举止，营造了轻松友好的氛围，广告也因此变得更有趣、更有亲和力。每条广告的开场语都是"我们一起玩"（Wii would like to play），现在这句广告词已经家喻户晓。

我非常喜欢这条与李奥贝纳广告公司（Leo Burnett）合作拍摄的广告，也提前与岩田先生分享了广告成品。然而，就在我们准备投放广告的前一周，岩田先生给我家里打电话："雷吉，我让京都的同事看了广告，有一些情况令人担忧。"对日本的任天堂高管来说，广告里的日本商人在与西方家庭互动时太过于随意，在礼仪方面不够正式。"雷吉，你需要改一改广告。"

任天堂公司日本总部团队提出的这个问题恰好指向这条广告最核心的理念要素，改变这些要素意味着放弃广告理念。我多年从事广告行业的经验表明，我们不应该放弃。我知道这条广告创意满满，具有很强的说服力。对此我们不停地讨论，我告诉大家，对美国、加拿大和拉丁美洲的消费者来说，"过于随意"并不算是什么大问题。

事情没什么进展，于是我说："岩田先生，你把我带到任天堂，是因为你需要一位有力的营销好手来负责世界上最大的任天堂客户区。你已经看到了我的表现。你刚刚提拔了我。你需要相信我，我知道怎么做会有效。我知道这条广告在美洲地区会取得成功。"

停了好一会儿后，岩田先生说："没问题，雷吉。我相信你。继续去做吧。"广告最终大获成功，在我负责的地区，其他一些营销手段也收到了显著成效。在全世界，Wii游戏机都表现得十分出色。

小贴士

在坚持己见与固执不变之间应该有一个很好的平衡。你是真的相信某个特定的行动方案，还是为了面子？当做出某个困难复杂的判断时，要了解自己的动机特别困难。

要忠于自我。把想要赢得争论与坚持核心理念区分开。你能否诚实地说，你相信自己提出的建议，是因为这是正确的事情，即使同样的建议是别人提出的，你也会表示支持？

当你不确定如何回答某个问题时，请仔细聆听，虚心接受别人分享的其他观点。提出清晰的问题，重复这个问题，让对方知道有人在倾听。要说明你对问题的理解，说明你为什么觉得其他观点有价值。

> 如果你决定坚持自己的观点和理念,要尽可能有说服力地陈述观点。使用数据、其他行业的例子以及你自己的经验来支持观点。要停下来,让别人问你问题。你不能只是试图压制对方的观点。
>
> 要寻找共同点。如果和对方在某个问题上达成了一致,要及时说明,这样你们就可以集中精力解决剩余的问题。有时,这些剩余的问题并不重要,你们可以继续前进。
>
> 但你需要表明立场。

在岩田先生和我深入交谈业务状况时,我们并不总是能达成一致。但在整个讨论过程中,我们总能找到非常有效的解决方案。

换句话说,我能不断提出自己的观点。我之所以能做到这一点,是因为我把坚持不懈和博得同情结合了起来。我相信做生意就像练柔术,即你努力推动一个想法,争取各方支持,然后等待自然动力的出现,从而推动这个想法的实现。

2014年夏天,岩田先生被诊断患有癌症,他做了第一次手术。在他住院期间,我准备去日本参加公司的全球战略会议。在旅行开始的前几天，我曾问过岩田先生是否可以去看望他。他在电子邮件中写道："不行，在日本不允许这么做。商业伙伴不会去医院看望对方。"但我坚持要去。我向他解释说，夏天过后，我将有一段时间不能回日本，我想看看他，想了解他的情况到底怎么样了。

岩田先生却继续推托，他在邮件里写道："雷吉，办公室的人都没有来看望过我。"可我并不认为这是一次商务访问。我回信说："恕我直言，岩田先生，这次来看望你，我的角色不是任天堂美国公司的总裁，而是你的朋友。"我愿意相信，如果继续坚持下去，当他意识到我不接受拒绝时，他会给我一个小小的微笑。最后他松口了，同意我去医院看望他。

这次旅行由古川俊太郎（Shuntarou Furukawa）[①]先生负责协调，他后来成为任天堂的第6任全球总裁。那时古川先生是公司战略的负责人，也是岩田先生在京都的得力助手。古川先生在欧洲工作多年，英语十分流利。他从酒店接上我，把我带到岩田先生的病房。在驱车前往医院的路

---

① 古川俊太郎于2018年6月起担任任天堂公司第6任全球总裁（社长），此前曾在任天堂欧洲公司（Nintendo of Europe，简称NOE）任职10年。

上,古川先生强调说,我的这次看望显得十分不同寻常。因为直到几天前,岩田先生还不允许任何来自任天堂的访客进入医院,但是现在我即将要去探望他。此外,岩田先生已经松口了,在此前的48小时内,他也允许公司的其他人来看望他了。

岩田先生对我的来访倍感兴奋。他的妻子和女儿也在医院,我感到很高兴,因为这使我们的见面更像是朋友的小聚而不是商人的访问。

前往岩田先生的病房不是一件容易的事。京都大学医学部附属医院(Kyoto University Hospital)最初成立于1899年,即在任天堂成立10年后。这家医院曾多次翻新,在接受了山内家族①(任天堂的创始家族)的私人捐赠后,另外增加了一个病房。医院几乎没有英文标识,从新病房到旧病房的走廊像迷宫一般。多亏古川先生在一旁指引我,我才能找到岩田先生所在的病房。

当我们进入房间时,岩田先生身着病号服站着,脸

---

① 这里指山内房治郎(Fusajiro Yamauchi)的家族。他是日本企业家、工艺家,也是任天堂公司的创始人。1889年,山内在京都市开设任天堂骨牌小店(山内房治郎商店),奠定了今日任天堂的基础。

上露出灿烂的笑容。按照先前见面的惯例，我和他握了握手。我们轻松又亲密地谈论了他的康复情况。岩田先生看起来状况不错，脸色红润，散发着健康的光彩。他把头发从中间分开，梳理成自己日常典型的风格。他的头发比平时长一点儿，看起来就像20世纪60年代的日本版约翰·列侬（John Lennon），此外还戴着一副椭圆形的小眼镜。岩田先生向他的妻子介绍我，他开始来回做翻译，因为他的妻子一点儿英语也不会说。接着岩田先生还把我介绍给他20多岁的女儿，他的女儿对我的到来感到非常激动。岩田先生说："雷吉，我的女儿是你的粉丝。"我说道："真的吗，岩田先生？我真不知道我在你家里居然有粉丝！"

岩田先生笑了起来，他的女儿和我互相打趣调侃，岩田先生帮我们翻译。他的女儿拿出手机，问是否可以在病房里和我自拍一张。岩田先生笑着向我转述。

我说当然可以，但有一个问题：我的个子很高，他的女儿却非常娇小，自拍时把我们两个人放在同一镜头内并不容易。岩田先生露出顽皮的微笑，眼睛闪烁着光芒，他说可以帮我们解决这个问题。他拿着他女儿的手机，开始充当摄影师，给我们两个拍了好几张照片，确保他女儿对照片感到满意。

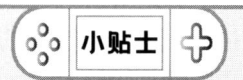

> **小贴士**
>
> 我相信人际关系的力量。
>
> 岩田先生不仅是我的老板，他看重的也不只是我敏锐的商业嗅觉，他还是我的朋友，这种友谊不但帮助我在任天堂取得了成功，而且对我的生活产生了影响。
>
> 当然，这并不意味着企业中的每个人都是你的好朋友。
>
> 但这的确表明，越了解一个人，你就越能有效地与他合作，越有利于实现合作成果最大化。通过更多地了解某人的背景、观点和经验，你能更好地解决问题。这不仅适用于老板与下属的关系，也适用于同事之间的关系。
>
> 在企业中，你需要3种类型的关系：1.你需要教练，教练曾做过你现在正在做的工作，能告诉你如何去做；2.你需要导师，导师能与你交谈，帮你看到细微的差别，提出替代的方案或想法；3.你需要支持者，支持者用积极的方式谈论你，尤其是在背地里的时候。

如今在我的脑海里，岩田先生病房里的那些幸福时刻与大约一年后举行的葬礼混杂在一起。这场葬礼在我的记忆中根深蒂固。在东京降落后,我们计划乘短途飞机前往大阪,然后乘火车前往举行守灵仪式的寺庙。通常我们并不会这么做,平时我们只需乘坐新干线高速列车进入京都。乘坐火车的时间稍长,但相对来说比较稳定。但是这次我们的时间很紧,当天晚上就要举行守灵仪式,第二天就要举行葬礼。

作为任天堂美国公司的代表,我们一行人一起动身前往日本。在飞机的卫生间里,我们换上了黑色西装。飞机因即将到来的台风剧烈摇晃,对我这种身材的人来说,换衣服本身就成了一个挑战。空姐向其他乘客提出请求,想让我们先下飞机,因为之前我们被耽搁了一会儿,导致现在转机时间非常紧张。海关查验的速度也非常快,但是刚刚查验完,我们就得知下一趟航班可能会延误或者直接取消。我们需要决定是继续执行先坐飞机再坐火车的计划,还是直接乘坐新干线去京都,团队成员向我求助。如果做了错误的决定,我们可能彻底无法参加守灵仪式了。

我决定我们一行人乘坐新干线。新干线列车非常准时,穿制服的列车员会对哪怕一分钟的延误表示歉意,甚至还会对提前到达表示歉意。

当列车驶入京都站时,我们的时间所剩无几。这时,我们需要乘坐出租车前往寺庙,但不得不排队等车,这会造成进一步的延误。有一位团队成员提前给寺庙打了电话,请求寺庙多开放一段时间,但不知道他们是否会满足我们的请求。

最终我们到达目的地时,寺庙里只剩下了几个人。我们了解到,当天早些时候有1000多人参加了守灵仪式。任天堂的工作人员疏导着庞大的人群,我看到了一些熟悉的面孔。君岛达己(Tatsumi Kimishima)[①]先生是现场的高级负责人。他在出任任天堂美国公司总裁时雇用了我,当时他还是任天堂公司的首席财务官(CFO),后来他担任了任天堂公司的第5任全球总裁,正式接替岩田先生。

由于到达的时间太晚,岩田先生的棺材已经盖上了一块葬礼用的布,这是在为第二天的葬礼做准备。当我认真回想着学习过的葬礼礼节时,君岛达己先生问我是否想看看朋友的遗体。我说,我还想看看。

我在岩田先生面前站了好一会儿。我的朋友,我的导

---

① 君岛达己于2015年9月起担任任天堂公司第5任全球总裁(社长)。

师，我在任天堂公司的引路人已经永远离开，我不得不接受这一事实。岩田先生离世后，我开始深入思考自己的职业生涯，思考自己想要为任天堂留下什么东西。我还思考了更多的事情。

少年时代

我有一条核心原则：就算生活再艰难，我也要在内心找到力量和决心，不断向前迈进，直到取得成功。岩田先生去世后，我又想起了这条宝贵的原则。但其实在很早以前，这条原则就在我脑海里形成了。

8岁之前，我一直住在纽约市布朗克斯区。在那个年龄，我不懂得别人是怎么想的、不了解别人是怎么生活的，只知道接受现实。对我们一家四口来说，现实就是我们住在一栋没有电梯的5层楼的廉租公寓的最高层，家里只有一间卧室，蟑螂和老鼠随处可见。

当然，父母也知道家里处境艰难。他们都在海地长大，年少时曾过着相对优裕的生活。20世纪四五十年代的海地与今天的非常不同。那时海地的经济更加健康，社会中还有中产阶级和上层阶级，这些群体可以获得顶级教育。

在我父母的年少时代，我的祖父和外祖父都在海地政府担任重要职务。父亲这边，我的祖父亨利（Henri）是海地军队的一名高级军官。当德怀特·戴维·艾森豪威尔（Dwight David Eisenhower）总统访问海地时，祖父亨利与他待在一起，我也是后来才听说了这个故事，看到了一些相关的照片。他也经常会见其他来自加勒比岛屿和中美洲地区的高级政客和军官。我后来才得知，祖父是海地军队中级别第二高的军官。

祖父亨利住的房子宏伟又气派。我父亲有6个兄弟姐妹，所以老家房子的占地面积相当大，大到足以在孩子们长大后升级为一家酒店。房子本身是蛋壳色的，铺着闪亮的红木地板。外面有一个巨大的游泳池，泳池四周环绕着开花的木槿植物。我在10岁的时候去过一次，现在仿佛依然能听到鸟儿的鸣叫，想到那些奇异的植物。直到成年后去到其他热带岛屿时，我才再次有机会看到这些植物。

母亲这边，我的外祖父卡米尔（Camille）是一名医生，曾在海地最好的学校学习。他曾前往加拿大和美国，获得了更高的学位，其中包括哈佛大学的学位。后来，外祖父成为海地国家医学院（Haiti's National Medical School）的一名教授，成了海地民主政府（the democratic government of Haiti）的卫生和教育部部长。

外祖父不论到哪里都备受瞩目：他身材高大，头脑灵活，口齿伶俐，能说一口完美的巴黎腔法语和纯正的英语。小时候，我记得他要求我给他朗读，哪怕我读错了一个词，他都会严厉地纠正。

看到政府高层的腐败后，外祖父卡米尔拒绝同流合污。1951年他离开了政府部门。此后他被剥夺了头衔，被处以监禁，在监狱中被迫保持缄默。1957年，海地政府落到了残暴的独裁者弗朗索瓦·杜瓦利埃（François Duvalier）手上。

杜瓦利埃滥用权力，虐待人民，外祖父卡米尔变得更加直言不讳。他计划动身前往纽约，在联合国会议上发言，介绍海地的情况，告诉大家这个国家正走在一条令人不安的道路上。就在他出发前，有人警告他，如果离开海地去联合国会议上发言，他将永远不能再回国。尽管有被流放的可能，外祖父还是下定决心，他必须去纽约发表看法，他是一个有原则的人。他的妻子［我的外祖母罗朗德（Rolande）］、小儿子［我的舅舅雅克（Jacques）］没有和他一起去美国，他们选择留在海地。

正如杜瓦利埃威胁的那样，一旦外祖父离开海地，他就再也不可能回来。当外祖母计划带着舅舅到美国纽约与外祖父会合时，海地政府告诉她，她将永远无法离开海地。在朋友和家人的保护下，外祖母和舅舅被迫躲藏起来生活。此后外祖母再也没有见到过她的丈夫。

在外祖父鼓动反对杜瓦利埃的同一时期，祖父亨利被任命到海地驻迈阿密总领馆工作。父亲当时大约19岁，他开始帮助祖父做一些工作。正是在那里，他第一次经历了种族主义和种族偏执。父亲的肤色比许多黑人的要浅，他被误认为是拉丁裔或拥有其他国籍的人。他既不能坐在为白人保留的区域，也不能坐在为黑人保留的区域。

父亲讨厌在迈阿密的日子，几个月后他搬到了纽约。

在皇后区、布朗克斯区和布鲁克林区，海地人的社区不断发展壮大。在那里，他又联系上了我的母亲。十几岁时，他们两人曾在海地上流社会舞会和其他社交活动中一起度过了一段时光。

1958年结婚后，两人搬进了布朗克斯区的那栋廉租公寓楼。但是这一带的情况一天比一天糟糕。

做对的事

在哥哥6岁、我4岁的时候，我们经常走下5层楼梯，穿过几个街区，到杂货店为父母买周日的《纽约每日新闻》(*New York Daily News*)。我们每人拿着25美分[①]，还能剩下一些零钱买糖果。某个周日的早晨，当我们走向杂货店时，几个青少年挡住了我们的去路，他们逼迫我俩交出钱来。事实上，我和哥哥都是坚强的孩子，并不怕他们，但是我们不想和这些青少年打架。于是我们把钱交了出来，跑回了公寓。

母亲对这次抢劫感到非常愤怒。她带着我们回到杂货

---

① 100美分=1美元≈7.1935人民币。

店时，那些青少年还在那里。母亲问我们："哪些人抢你们了？"我和哥哥用手指认，几个青少年掉头就走，母亲紧跟着他们。想象一下，几个青少年在街上跑，后面跟着一个30多岁的女人，再后面又跟着两个孩子。那真是一幅别样的情景。

这些青少年终于在另一栋公寓前停下。5个正值壮年的男人在那里闲逛。一个满脸凶相的人问发生了什么事。其中一个青少年回答说"这个疯女人"在追赶他们。我妈妈说："是的，因为你们抢了我孩子的钱！"几个青少年立马否认。那人气势汹汹地看着我们，又看了看那些青少年。过了一会儿，他对青少年说："把钱给我。"一个青少年勉强地递上了那50美分。那人接过钱，还给了我的母亲。那时我们离住的公寓楼有5个街区。母亲抓住我们的手，转过身，昂首阔步地走了。她没有转过身去看那群人一眼，我和哥哥却忍不住回头看。那些青少年挨了一顿批评。最后，我们返回杂货店，给爸爸买到了报纸。

> **小贴士**
>
> 无论有什么样的后果,做对的事都不应该只是说说而已。反击那些做错事的人,推动最佳结果的实现,这应该是你一贯的行为。我的外祖父卡米尔敢于向独裁者杜瓦利埃发起挑战。我的妈妈敢于和抢我们钱的青少年对峙。对我来说,坚定信念和做对的事等等这些概念在很小的时候就已经根深蒂固,对与错的经验在成年后仍然适用。

深入挖掘

在某个夏天的周日早晨,我们在布朗克斯区的生活状况恶化到了极点。我们全家经常去新泽西州北部的一个湖边旅行。一些住在纽约大都市的家庭也经常来这里聚会。通常我们会在早上8点前起床,收拾东西准备出门,这样就能保证在湖边找到一个好位置。在母亲、哥哥和我下楼之前,父亲会在5层楼梯来回上下几趟,把冷饮和毯子搬到车上。

某天早上,公寓附近吵吵闹闹的。装完车回来后,父亲和母亲激烈地谈论着一些事情。要离开家出发时,母亲把我和哥哥拉到一边，告诉我们："一会儿下楼上车时，我希望你们为我做一件事。我要你们向上看，不要向下看。一定要为我做这件事。"

好吧，当你6岁的时候，如果母亲恳求你做一件事，但是对于正忙着下楼的你来说，这件事其实并没有那么的重要——你会怎么做呢？你肯定会做完全相反的事情！

离开公寓下楼时，我的眼睛一直在朝下看，然后我就看到了妈妈不想让我们看到的场景：血滴从屋顶滴落在楼梯上，流经我们家门前，再沿着楼梯往下一层一层地流去。我们慢慢下楼，这些血滴也变得越来越大，越来越多……血滴从10美分硬币大小扩大到25美分硬币大小。最后到了一楼，走出大楼的大门时，我们看到各个方向的地上都有大量的血迹，显然有人流着血从那里走过。后来我们得知，前一天晚上有个人在屋顶上被刺伤，他从5楼的楼梯上跌跌撞撞地走下来，一边走一边流血，一直来到公寓楼外。那个人活了下来。我的父母却因此坚持要搬出布朗克斯区，为我和哥哥提供一个更好的成长环境。

我的父亲做着两份工作，一周工作6天。一家人拼命地攒钱,希望能在不久的未来买得起一栋位于纽约州长岛（Long Island）布伦特伍德区（Brentwood）的小房子。

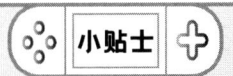

> **小贴士**
>
> 我很早就知道,不会有人双手捧着,把机会递给你,机会不会像布朗克斯区杂货店递出的糖果。生活是艰难的,你必须深入挖掘,要坚持不懈,表现出勇气。在平常的生活中,你要么茁壮,要么枯萎。我变得坚强。我明白了要为自己想要的东西而努力。我从家人那里学到了这一点,直到今天我仍然受益匪浅。

求学生涯

我在布伦特伍德茁壮成长。与今天相比，20世纪60年代末到70年代的布伦特伍德截然不同。那时镇上人口众多，在东、南、西、北4个方向各有一个大学区，每个大学区包括4个小学区。当时我们住在布伦特伍德北部。我读到高年级时，布伦特伍德北部和西部的学校合并为一所中学[①]，东部和南部的学校合并为另一所中学。每所中学每年都有700多名学生毕业。

[①] 美国的中学（high school）分为初级中学（junior high school）和高级中学（senior high school）。

在这段时间的成长过程中，我身边的人基本都是白人，镇上贫困率很低，每个家庭的父母双方通常都有工作。而我的家庭很特别，因为我们是整个街区唯一的黑人家庭。在学校，大多数孩子都可以接受我们，但也有一些孩子试图把我和哥哥推来推去，我们因此打过几次架。我们能照顾好自己，只有最愚蠢的人或种族主义者才会跟我们打架。有些大人会小心翼翼地看着我们，叮嘱自己的儿子或女儿不要和我们走得太近。但是比起布朗克斯的老街区，待在这儿我们要安全得多。

在学校，学习能力相近的学生被分在一起上课。我非常幸运能和其他聪明的孩子在一起学习。从低年级开始，我们就有机会学习荣誉课程（honors classes），高年级的学生则可以学习大学水平的课程。每个学年结束后，纽约州都会举行测试，评估学生对所学内容的熟练程度。各个学院和大学可以看到我们的分数，所以从高中新生阶段结束时，我就开始收到大学的宣传册了。这是一件好事，因为大多数父母和学校教导处其实都不知道该如何帮助学生规划中学毕业后的生活。

我的父母虽然了解海地的学校系统，而且都上过大学，但他们并不清楚美国的教育体系。他们无法帮我区分州立大学和私立大学哪个更好，更不用说常春藤盟校了。

自己申请

学校的教导处常常不堪重负，因为教导处只有几位辅导员，却要为700多名准毕业生和700多名翌年毕业生提供服务。学生们只能得到笼统的信息：哪些学校不错，哪些学校比较好考。我不仅要自己选择学校，还要自己弄清申请程序。

在20世纪70年代末，不存在统一的大学申请程序，各个学校的材料均不同。你要么手写申请，要么用打字机填写，无论哪种方法都很耗费时间。

每次申请都会产生一定的费用。我不记得具体金额了，也不记得每所大学要求的标准化考试的报名费用了。但对当时的我来说，提交每份申请时哪怕仅仅支付25美元也会像250美元一样多，所以我不能没有针对性地随意申请。

另一个大问题是如何支付上学费用。我的父母没什么积蓄，他们不可能为我贷款，我必须自己筹集上大学所需的费用，所以学费就成了我申请哪所大学最重要的考量。

当时，我中学的一位好朋友正在联系美国预备役军官训练团（ROTC）[①]，想要获得大学学费资助，我也去调查了这一办法的可能性。陆军、海军和空军都提供 ROTC 奖学金，他们在每所一流大学都有资助项目。奖学金包括全额学费、住宿费、教科书费用和每月的津贴。大学前两年不需要去军队服役，但从第三年开始，就要履行现役军人的义务。如果我选择这条道路，在大二和大三学年之间的夏天，我将会面临困难的选择。

竞技比赛

对我来说，申请体育奖学金是另一条支付大学学费的渠道。在成长过程中，我参加了各种各样的运动。我的

[①] 美国预备役军官训练团是在美国大学和学院设立的军官训练项目，旨在为美国军队输送高阶人才。该项目由美国政府提供学生学杂费、书籍文具费和生活费补助，供其读完大学，学生在学期间利用假期接受军事训练。

爱好是篮球。小时候，我的父母在私人车道上放了一个篮筐，我可以连续投篮好几个小时，即使下雨也不会停。冬天时，我会铲掉车道上的冰雪，这样我就可以继续练习篮球。还是中学新生时，我就报名了学校的篮球队。但是那年我没能入选，我是最后一轮被淘汰的球员之一，这使我更加努力地训练。

我还踢过足球。足球是我父亲热衷的运动，在我成长的过程中，我们经常花时间一起看比赛。在知道"疯狂三月"（March Madness）[1]之前，我就看过世界杯。我横切的速度很快，块头也很大，天生就是当后卫的料。

体育是我释放竞争压力和获取动力的一个途径。我的朋友都爱参加体育运动，他们也都是好学生；通过这种兴趣和智慧的结合，我们形成了一个忠实的小团体。除了体育活动，我们还总是一起玩各种类型的游戏，包括电子游戏。我经常玩米罗华奥德赛（Magnavox Odyssey）[2]游戏机

---

[1] 指美国全国大学体育协会（National Collegiate Athletic Association，简称 NCAA）一级联赛（Division I）锦标赛，因为大部分比赛在三月举行，故俗称"疯狂三月"。

[2] 米罗华奥德赛是世界上第一款家用电视游戏机，由被誉为"电子游戏之父"的拉尔夫·拜尔（Ralph Baer）创造。

以及雅达利（Atari）①、科莱科（Coleco）②等公司开发的电子游戏。

我在秋天踢足球，在冬天打篮球，为了寻求乐趣，还在春天参加田径比赛。我参加了各种各样的比赛，包括铅球、铁饼、跳远、三级跳和中长跑，这些比赛既可以测试力量，也可以测试速度。我这样做主要是为了保持运动的状态，结果我也赢得了一些比赛。

我是个非常不错的运动员，因此许多大学对我产生了兴趣。这些大学不是NCAA第一级别③的学校，而是第三级别的较小的学校。我收到了不同学校的来信，他们介绍了各自的招生计划，还要我填写调查问卷。我的中学篮球队教练当时是一名大学教练，我参加了他开办的篮球训练营。这些活动都很好地满足了我的虚荣心，但在内心深

---

① 雅达利是由诺兰·布什内尔（Nolan Bushell）和泰德·达布尼（Ted Dabney）于1972年在美国成立的电脑公司，也是街机游戏、家用电子游戏机和家用电脑的早期拓荒者。

② 20世纪80年代，科莱科在玩具业取得巨大成功，其产品包括批量生产的卷心菜娃娃（Cabbage Patch Kids）玩偶，以及电子游戏机科乐星（Coleco Telstar）和科乐视（Coleco Vision）等。

③ NCAA第一级别是NCAA校际体育赛事的最高级别。与第二、第三级别学校相比，第一级别学校在预算、设施、体育奖学金等各方面都更有优势。

处，我知道我并不是一名精英级的运动员。我更有可能通过大脑而不是双腿考入大学。

梦中情校

最后，我申请了3所学校。雪城大学（Syracuse University）是我的保底选择，我知道我一定会被录取，这所学校有好几个不错的项目都让我非常感兴趣。霍巴特学院（Hobart College）也在我的备选名单上，因为他们有一个十分有竞争力的男子足球项目，并且考虑为我提供奖学金。

而我最想去的学校是康奈尔大学。作为一所常春藤盟校，康奈尔大学可以提供最好的学术课程。他们也有ROTC项目，所以如果能获得康奈尔大学提供的奖学金，在大学前两年，我可以得到充分的资助。作为一所赠地大学（Land-Grant Universities）①，康奈尔大学有一段有趣的历史。ROTC项目于19世纪60年代末颁布，州内大学生在某些大学的某些学院就读时，可以获得学费减免的机

---

① 赠地大学是指因美国国会在1862年颁布的《莫雷尔法案》（Morrill Land-Grant Act，又称《赠地法案》）而获得国会资助的美国高等教育机构。

会。我本科读的商业课程就在这些学院的名单中。如果我在大三时选择不参加预备役，我也有信心凭努力负担康奈尔大学的学费。

最终，3所学校都录取了我，并且都承诺为我提供资助，我还获得了空军ROTC项目的奖学金。最后我如愿以偿地选择了梦想中的康奈尔大学，第一次踏进大学校园，第一次住进学生宿舍。在我的成长之路上，有少数决定影响了我的后半生，去康奈尔大学就是其中之一。

小贴士

回顾过去，我意识到自己形成了一套解决问题的方法，这个方法适用于我在整个职业生涯中遇到的挑战。

首先我会确定基本目标，比如如何负担得起一流大学的教育费用。清晰地定义目标是我在职场上处理问题的显著特色。

作为高级管理人员，在每次开会之前，我会阐明会议的目标，明确指出我们要评估的最终决定。如果这一点不清楚，我就会打断会议进程，提出问题：我们的目标是什么？我们为什么在这里？

没有明确的目标，我们就很难找到实现目标的最佳途径。今天，许多组织都采取事后反应，他们抓住某个机会，僵持在某个

> 问题上，没有进一步阐明最终目标。
> 一旦目标明确，我就开始提出不同的解决方案，探索各种选择。我会制订一份计划，其中有各种各样的"如果"方案，这些方案往往能带来成功的结果。这听起来像是一个冰冷的分析决策过程。但在这个过程中，我加入了情感意识和即时因素：如果某种感觉是正确的，且在战略上符合目标，我会留意这种感觉。最后，我并不害怕做出决定。一旦做出决定，我就会继续前进。

求知 & 现实

在正式开始上课之前，作为空军 ROTC 项目迎新程序的一部分，我必须制订自己在康奈尔大学 4 年的完整课程表，同时与学术顾问分享。当时，我们需要通过一本 5 厘米厚的《学习课程》（*Courses of Study*）手动选择课程。《学习课程》上面用印刷体的小字列出康奈尔大学伊萨卡（Ithaca, NY）校区本科生和研究生的全部课程，每一门课都列出了课程概要、授课教授的名字以及上课的必要条件。在没有更多信息的情况下，我不得不开始规划 4 年的学术之旅。

我认认真真地填写着课程计划表。学校规定，在最初的几个学期,每学期都有大约 15 学分的课业任务。当我潜下心来花时间阅读《学习课程》时,有一些课程激起了我的好奇心,其中包括:"海洋学"(Oceanography),"我们在宇宙中的家园"(Our Home in the Universe),"怪兽和神话"(Monsters and Mythology),"科学、技术和社会变革"(Science, Technology, and Social Change)以及"葡萄酒与烈酒入门"(Introduction to Wine and Spirits)等。我把这些课程和其他课程都加入了必修课程中,以便在毕业时获得商业管理和金融专业的学位。根据这个计划,我在大三时每学期要修将近 20 学分。到了大四,每学期几乎要修 25 学分。

我与布鲁斯·安德森(Bruce Anderson)教授一起评估了这一学习计划,他是我的学术顾问(academic advisor,简称 AA)。他的教学重点是金融和会计,研究重点是商业公司。我和他很快就熟络了起来。他在加勒比海和非洲地区做了大量的实地调研,这些经历让他对海地文化和我的家庭背景很有好感。他有一种非常干脆的幽默感。"雷吉,"他说道,"大多数高年级学生在最后一年都想轻松一下,为什么你在大四时的课程量却足够别人学习两年?"

我跟他解释说，考上康奈尔大学对我来说是一个千载难逢的机会，我选择的课程既要在智力上有所挑战，又要有乐趣。他摇了摇头，笑了笑，对我的计划做了一些小的修改，修改的重点是大一的课程。"让我们从这里开始，看看结果怎么样。"

不用说，我没有在大四那年修满50学分的课程。空军ROTC项目的任务迫使我思考在康奈尔大学的时光，思考我希望自己4年的大学生活该如何展开，对此我要制订计划。

做出转变

因为参加了空军ROTC项目，我得以接触到两位对我影响深远的教授。一位就是安德森教授，另一位是理查德·"多克"·阿普林（Richard "Doc" Aplin）教授。阿普林教授讲授商业战略课程，他在资本分配领域和乳品业进行过实地调研。

在加入空军ROTC项目学习两年后，我必须做出决定：继续获得奖学金并去军队服役，还是退出这个项目。对这个问题，我采取了自己常用的分析方法，研究了有哪些潜在的空军工作可供我选择。我的视力不好，飞行工作不在我的考虑范围内。我有本科商业学位，未来我可以在采购领域工作。一开始我可能会去采购飞机零部件，也许最终会成为评估战斗机的团队成员。但是，当我进一步研究时，这条职业道路给我留下了严格而一成不变的印象。对我来说，这并非我首次拒绝一条严格而一成不变的道路。

我选择退出空军 ROTC 项目，但是我需要想办法赚取康奈尔大学剩下学年的学费。我准备去申请学生贷款和一些小的学术奖学金，此外，还可以利用暑假做一些工作，实现收支平衡。

我与安德森教授和阿普林教授私交甚好，这段关系让我收获颇丰。我开始为他们两人工作，先是担任班级的评分员，然后是担任助教（teaching assistant，简称 TA），负责试卷评分和班级后勤工作。除了获得收入之外，我对他们的教学方式也有了更多的了解：我注意到他们每年都会重新编写教材，保持教学内容的趣味性；我观察到他们会一丝不苟地备课。我还会在办公时间辅导学生，也渐渐开始负责指导其他评分员的表现。

宝洁之路

在康奈尔大学修读本科商业课程时，我接触到了不少教授，后来我能在宝洁公司（Procter & Gamble，简称 P&G）①谋得职业机会，这些教授发挥了决定性作用。当然，这是我事后才知道的。

宝洁公司以康奈尔大学为中心，开展了大规模的招聘工作。宝洁公司内部的每一个部门都在积极进行招聘，这些部门包括工程部门、财务部门、销售部门和品牌管理部门等。品牌管理部门是宝洁公司的综合管理部门，在这里你可以了解到企业经营的各个方面，包括广告、促销、定价和产品开发等。在这个职能部门，随着你的不断成长，你将担负起管理其他人员的责任。宝洁公司内几乎所有的高级职位都是由品牌管理部门出身的人员担任的。在20世纪70—90年代，许多财富500强公司的高管都来自宝洁公司或类似的消费品公司，他们都有品牌管理岗位的工作经验。

---

① 宝洁公司是一家源自美国的跨国消费日用品公司，也是目前全球最大的日用品生产商之一，主要产品为清洁剂、个人护理用品、宠物食品等。

宝洁公司品牌管理部门的招聘流程与其他职能部门的招聘流程截然不同，几乎所有候选人都攻读过工商管理硕士（Master of Business Administration，简称 MBA）学位。招聘人员把重点放在康奈尔大学的约翰逊管理学院（Cornell's Johnson School of Management）上。面试日程很快就排满了，通常宝洁公司会有 5—6 名高管负责面试工作。

作为一名本科生，要想进入面试名单，唯一的途径是通过教授推荐。只有不到 10 个本科生可以得到面试机会。宝洁公司会直接与你取得联系，不需要通过一般的校园招聘、签约程序。所有流程都是静悄悄地完成的。

直到今天，我依然不知道到底是哪位教授暗中推荐宝洁公司邀请我参加面试的。当时我一心一意地想去银行工作。大三到大四的假期，我曾在一家银行实习过。我喜欢金融工作重视分析的特点，我曾设想先在一家银行机构工作两到三年，然后再去接受两年的教育，获得 MBA 学位。我的梦想是在国际公司工作，充分发挥我对企业和组织发展的热情。我十分专注于这项计划，所以在其他方面我并没有去努力争取。

因此，在收到宝洁公司的面试邀请时，我感到非常惊喜。当我研究这家公司时，我对所了解到的内容充满了兴趣。对我来说，学习如何经营企业非常有吸引力。接触一家企业的各个方面并任职于一家世界级的企业，是非同寻常的机会。在康奈尔大学求学的日子改变了我的生活，此刻面前的这个机会也可能会改变我未来的生活。

在我临近毕业之际，宝洁公司提供的这个工作机会让我走上了职业生涯的快车道。我不必在银行轮换项目中度过两三年毫无意义的时光，然后再花两年时间获得 MBA 学位。

如果成功了，我将在 25 岁时成为品牌经理，在 30 岁时成为部门主管。如果不成功，我也不会有任何损失。至于我投入的时间，也都会成为宝贵的经验。我可以带着在宝洁公司工作的经验去读商学院，攻读 MBA 学位，再重新回归我最初制订的银行工作计划。

> **小贴士**
>
> 得到宝洁公司的工作机会后，我开启了职业生涯，当年在美国范围内，我是被宝洁公司这个知名企业录用的少数几个本科生

之一。但这并不是我想表达的关键。

　　这段经历的启示如下：要对其他选择和结果持开放态度。我们往往只拘泥于一份计划或一项解决方案。或许你相信宝洁、苹果、迪士尼或谷歌是唯一能让你快乐的公司，又或许你坚信自己可以在金融或技术领域获得发展，由此忽略了其他领域的机会。这段经历告诉我，虽然你应该制订计划，但你也需要不断地重新审视，及时判断这份计划在当前的情况下是否仍有积极意义。

　　我对其他计划和结果持开放态度，因此我找到的第一份工作十分不错，而且符合我的长期目标。

四 崭露头角

每个组织都有自己的文化。即使没人注意,组织文化也实际决定着成员的行为方式。文化决定了大家如何取得进步,它就像是我们每天呼吸的空气一样重要。

对我来说,宝洁公司的文化包括"一页备忘录""什么重要""非升即走"等等,这些都是我接下来要讨论的。

写备忘录

在宝洁公司，开启任何工作都要从在一张纸上写下想法或方案开始。上班第一天，你就得把事情写清楚，让理由具有说服力。通常情况下，你一次要写 2—3 份"一页备忘录"，每周至少发一份工作目标给上一级管理者。上级看完后会给你一些反馈意见，这些意见一般是手写的，不是直接打印出来的。

你慢慢会意识到，一开始就要明确指出写备忘录的目的。这会再一次强化你对工作目标的认识。这是一条关于推出新广告的建议吗？是一份研究总结吗？是一条降低价格的建议吗？你需要在一开始就明确指出。

"一页备忘录"的另一个特点是将思考框架分为 3 部分。比如，为你的想法找出 3 条有意义的原因、找到研究报告中的 3 项重要发现。似乎哪里都是数字"3"。我记得我问过为什么，得到的答案也很简单："1"或者"2"不够有说服力；"4"或者更多是矫枉过正；"3"被认为是最完美的数字。现在，我仍然倾向于以"3"为单位说话。

有效的"一页备忘录"可以预料到行动方案可能遭遇的不利状况。通过指出实施方案的风险、提出减少风险的措施，备忘录可以缓解大家的担忧。

"一页备忘录"的最后一个特点是明确下一步的行动。这需要严格的执行力，需要充分考虑计划的实施步骤。如果计划拍摄一条新的广告，你需要充分了解广告制作公司，安排好具体的时间，包括需要花多少天拍摄、花多少天剪辑等，最后当公司的内部批准拿到手时，广告才可以发布。这使得你更多地去关注细节，你需要提前做出预测，思考哪些问题会影响成本和时间。

对一个刚从康奈尔大学毕业的22岁年轻人来说，写好"一页备忘录"有两个重要收获。

第一，获得强大的商业写作技巧。写一份文件，然后交给老板，在没有任何改动或评论的情况下，老板把文件发送给下一级管理层，这是一件值得骄傲的事情。诚然，我花了几个月的时间才做到这一点，但当真正做到时，我收获了满满的成就感。

第二，获得清晰的思维。你学会了如何评估大局和要完成的任务，学会了如何变得有说服力，学会了如何寻找数据或事例来支持你的方案。你预料到了问题，也准备好了方案。你制订了详细的行动计划，并具体实施了方案。

5 种行为

宝洁公司的"什么重要"定义了公司内部看重的行为。公司不断努力，使这些行为变得清晰明确，使每个管理岗位的新员工都能及时了解这些行为。随着时间的推移，这些行为也会随着业务的发展而不断变化。在我工作期间，公司看重员工的 5 种行为，它们分别是：

1. 超强的思维能力——重点是战略、分析和创意方面的能力；

2. 个人主动性——主动把想法变为现实；

3. 以消费者为导向的创新——你需要思考消费者想要什么，想出如何在获得利润的同时提供给消费者想要的东西；

4. 设计商业广告——你需要领导其他组织，比如广告公司或制片公司，与他们进行创意合作；

5. 培养人才和团队——这一点至关重要，因为当时宝洁公司只能从内部晋升，作为人事经理，你需要提供一条渠道，让优秀的人跟随你的脚步并得到晋升。

最后一条是把双刃剑。作为一名人事经理，你需要培训和发展下属，让他们充分发挥自己的能力。但是，如果他们（或者你）无法在公司内部升到更高层次，那就意味着要离开公司。这就是宝洁公司的"非升即走"规定，让每个人都感受到压力。事实上，在加入公司的前几个月内，你就会接到招聘人员的电话，这些高管的职业生涯很成功，因为他们会帮助宝洁公司员工在该离开的时候离开。

信息有时候是公开的。在职业生涯中，我告诉一些人，如果他们没有足够的技能和水平再晋升一个级别，对他们来说最好的选择就是到公司以外的地方去发展。事情有时候可能会更加微妙：具有同样资历的其他人得到了晋升，唯独你没有。这种情况很难处理，因为有时公司真的希望你留下来，但是来自招聘人员连续不断的电话，以及来自你自己内心因未得到晋升的不耐烦，都在促使你去其他公司寻找机会。

> **小贴士**
>
> 在评估工作机会时，文化契合（culture fit）[①]这一因素往往会被忽视。员工该如何处理各种情况？他们彼此怎么相处？你要了解背后的因素。
>
> 作为初级雇员，你要问自己一个棘手的问题："我将如何适应这种文化？"根据我的经验，一次糟糕的招聘并不是因为员工缺乏必要的技能，而是因为他缺乏适应性。
>
> 作为高级管理人员，你会面临更大的挑战。在现有公司文化中，哪些部分是积极的，哪些部分是需要改变的？没有一种企业文化是完美的。如果不能随着商业条件的变化而做出调整，你的公司及其文化就会被甩在后面。最好的高级管理者会深思熟虑，为组织文化下定义。

经验教训

非常幸运，我在宝洁公司有一位很好的导师，他帮助我了解了宝洁的公司文化。他的名字叫鲍勃·吉尔（Bob

---

① 文化契合的核心是团队文化，或者说企业文化。当一个公司新创时，创办人对公司的想象，以及创业初期所做的一系列决定将会奠定公司未来的文化。

Gill），我第一次见到他时，他是一名广告副经理，比品牌经理高一级。鲍勃负责康奈尔大学的招聘工作，他为我提供了工作机会，最初当我因为金融工作的工资更具有竞争力而犹豫不决时，他向我施压，极力说服我接受这份工作。他率先于公司其他人看到了我这个在布朗克斯区长大的孩子的强硬性格，因为最终我通过成功的谈判，提高了自己在宝洁公司的薪资。

现在想起来，当时的情况颇为有趣：我们正在进行激烈的口头谈判，鲍勃从办公桌的抽屉里拿出一把折叠式小刀，开始不停摆弄。他一定以为这样做会吓到我，但我曾经历和看到过比这更糟的情况。我只是笑了笑，继续向他提出提高薪资的要求。我后来了解到，他从来没有为谁修改过薪资，当然，本科生的工资也从未变过。在宝洁公司工作的8年中，我有5年都是在他的手下工作。

有很短的一段时间，我不在鲍勃手下工作，我为自己还没有被提升为品牌经理感到沮丧。我看到同年被雇用的其他人都得到了晋升，而我相信自己的成绩单是优秀的。其他公司的招聘人员也注意到了我，他们试图用品牌经理的职位挖走我，提供的薪水也高得多。这是一个"非升即走"的时刻。

最后我请了病假，拜访了其中一家公司。这次访问的安排如下：在面试前一天的晚上，我们吃了一顿晚餐，在轻松的环境中谈判；第二天，我与公司的高级管理人员会面。一天结束后，我成功拿到了这个新的工作机会。

鲍勃有我办公室和家里的电话号码，在我生病期间，他分别在两个地方给我留言。现在回想起来，当时的我是透明的。在为公司工作的3年多时间里，我从未请过病假，这次病假恰好是在星期五。

我回家后很晚才给他回电话，他坚持要我周六到他家与他见面。这很不寻常，考虑到我请了一天假并且拿到了另一个工作机会，我有点儿紧张。

鲍勃的家和我想象中的完全不一样。那是一间正在拆除的老房子，他在利用地基和其他能用的部分建造新家。他一个人在那里，挥舞着大锤，敲打着石膏板干墙。这有点儿滑稽。鲍勃已经40多岁了，大学时代打橄榄球时，他的背上曾经受过伤。他的个头比我的小，我觉得他不太适合长时间用力挥动大锤。幸运的是，当时我穿得很随便，他指着一把备用的大锤，邀请我在谈话时帮他砸墙。

鲍勃告诉我，他知道我前一天生病外出。他还告诉我，事实上宝洁公司的很多管理人员都知道我出去了。

"雷吉，我们知道你昨天去参加了一场面试。下次去面试时，请选一个周中的时间，或者选一个你提前计划好的假期。"

"我让你来这里，不是要揭穿你。我想告诉你，要有耐心，公司看好你。你在这里有前途，你要有耐心。"

"鲍勃，"我说道，"当我看到其他工作业绩不如我的人得到晋升时，我很难有耐心。我不认为现在的老板能帮到我。"那时我的老板是一位新老板。我之前的老板刚刚休完产假，她一直是一个很好的导师，我知道她很支持我，但是她离开了。我觉得我没有得到新老板的支持。

"雷吉，你在公司有很多支持者。你需要有一些耐心。正确的机会肯定会出现，如果你拒绝其他公司的工作机会，将来你一定会感到高兴，在职业上也更有优势，你可以成为宝洁公司的品牌经理。"

鲍勃做了导师应该做的所有事情。他同我坦诚相待，从不说废话。他给了我真正的建议：在宝洁公司担任品牌经理才是我应该做的事情。我永远不需要一个MBA学位或任何其他证书来获得职业进展。

> **小贴士**
>
> 一些公司会为员工指派更有经验的人当作咨询人士或"教练",我在任天堂时把这些人称为"导师"。但这么说其实并不恰当。
>
> 真正的师徒关系是随着时间的推移自然形成的,不是被指派的。这种关系形成的前提是希望经验不足的员工能做好工作、获得成长。导师负责指导,负责提供观点,他们通常不会告诉你具体该怎么做。导师不需要和你有相同的职业背景,也不一定要和你一样的汇报关系,但他们应该对企业文化有深刻的理解,这样才能提供有用的观点。

跳出框架

不出几周的时间,我就得知自己升职了,我晋升到了鲍勃原先级别的职位。鲍勃当时已是广告经理,这是宝洁公司内部最高级别的营销职位。他领导的小组在软饮料(不含酒精的饮料)业务上通过果味汽水(Crush)、海思汽水(Hires)和桔仔冰(Sun Drop)等品牌,与可口可乐(Coca-Cola)和百事可乐(Pepsi)展开竞争。正是在做这些业务时，我才了解到我是多么喜欢快节奏的事物。鲍勃让我懂得了导师的力量，他让我看到了导师带来的不同。

在做这份工作时，我学到了另一条重要的经验。在宝洁公司任职期间，我一直参与公司在康奈尔大学的招聘工作。从筛选简历到与教授开会，以及获得推荐人选和背景资料，我参与了几乎所有的工作。在过去的两年里，我一直是团队的一员，在校园里考察候选人，然后前往宝洁公司总部，对候选人进行面试，挑选出那些能成为成功的品牌经理的候选人。这样的经历真的很不错。

在做了大约一年的品牌经理后，我的团队有一个初级职位空缺。不过，这个职位空缺出现在正常的校招周期之外。这个职位是在初秋开放的，我不能等到第二年夏天才用一个春季毕业生来填补这个职位。我与人力资源部门合作，获得了在上一次校招中错过工作机会的申请人的简历，还有那些直接向公司递交的简历。在此基础上，我列出了候选人名单，进行了电话面试。我拿着一份简短的名单，其中包括我想要的3名候选人，与我的顶头上司一起审查。然后，他向鲍勃汇报工作。

在我的人才清单中，有一位特殊的候选人。她和我一样，只有学士学位，其他候选人都有 MBA 学位。她当时也并不从事营销工作，事实上，她当时是作为行政人员应聘销售类职位。但是，从她的简历和电话面试中，我看出她是通过学校自学成才的人，有着极强的个人主动性。她让我想起了我自己。

我的顶头上司果然把目光投向了这位候选人。他问道："为什么她会在名单中？"

"我喜欢她的背景。她回答问题时非常细致周到。她想方设法进入学校学习，现在她在找工作，我非常喜欢她。我看到的是一个渴望学习、渴望成功的人。"

我的顶头上司勉强同意了，于是我们把 3 个人都叫了过来，再次进行面试。在面试快结束时，我们产生了分歧，不知道该把工作机会给谁。我的顶头上司喜欢一位常规候选人：男性，毕业于知名大学，拥有 MBA 学位。我倾向于选择那位非常规的候选人：迪娜·豪尔（Dina Howell）。我们反复争论着。他说："雷吉，你没有时间可以浪费，你需要可以信任的员工，他必须做好当前的工作，在公司取得成功。"

我依然坚持我的看法:"这个人将会为我工作。我要相信自己的直觉,选择具有长期潜力的候选人。迪娜是非常棒的人选,她会把事情做好的。我想雇用她。"

顶头上司最后让步了,我极力称赞他愿意做出妥协。我雇用了迪娜,她表现得十分出色。事实上,迪娜在宝洁公司度过了一段长达20多年且非常成功的职业生涯,任职时间甚至超过了我和我的顶头上司。我想我可以毫不自夸地说:"我有先见之明。"我更加看重的是迪娜的独特技能与经验。公司已经有数百位在著名大学取得了MBA学位的员工。我们缺乏具有强大的内驱力和丰富个人经历的员工,他们可以提供全新的观点。

作为管理者,这是我第一次真正认识到不同观点和不同背景的价值。我会一直记得这条经验。

小贴士

遗憾的是,许多人只是嘴上说说多样性和包容性而已,他们经常将两者混为一谈,实际上却未能有效地推行这两个概念。多样性和包容性是两个不同但相关的概念。

> 多样性承认我们的外部特征和生活经验都是独一无二的。这样的差异显得十分重要,因为这能为我们解决问题提供独特的视角。与同质化思维比起来,多样的视角能带来更广泛的解决方案和更多的"突破性"思维。
>
> 包容性是主动地将不同社区和企业的人群聚集在一起,积极地弥合人们之间的差异。包容的本质是让多元化的群体感到愉悦和受到重视。
>
> 真正的领导者会热情地把多样性看作个人和职业的需要,然后采取行动。他们利用多样性来促成更好的结果,再创造出一种包容性的文化。

越权行为

大约一年后,我在软饮料行业的工作就结束了。宝洁公司打算退出这个行业,并将相关业务出售。我和其他几位业内人士考虑竞购其中一个品牌:由胡椒博士公司(Dr Pepper)开发的桔仔冰。桔仔冰是百事公司旗下品牌激浪(Mountain Dew)的竞争对手,销售范围遍及美国南部和中西部的少数几个州。桔仔冰的市场销量与可口可乐和百事可乐的相当。我非常了解这个品牌，并且与当地所有的分销商和零售商都打过交道。

这一次我的导师鲍勃又把我拉到了一边："雷吉，你还没有准备好与私募股权或风险投资人士谈判，现在做这样的交易并不合适。再说了，你在公司马上又要得到晋升。让这件事就这样过去吧，在宝洁公司多待些日子吧。"

这对当时的我来说是一个艰难的决定。虽然我并不太了解私募股权和风险投资领域，但是我已经对宝洁公司产品的低增长感到非常失望——如果你的品牌销量每年增长达到3%—4%，你就可以被称为"业内英雄"了。然而在鲍勃的领导下，我曾有幸为销量增长超过15%的企业工作。

公司通知我回到专做起酥油的科瑞（Crisco）团队的工作岗位，多年前我曾为这个品牌工作过。不幸的是，我没法继续待在鲍勃的团队里工作了。在这段时间里，科瑞的业务已经萎缩。虽然它有很高的利润，但我对这份没有前景的工作并没有很大的兴趣。尽管如此，我还是听从了鲍勃的建议，放弃了收购桔仔冰品牌的计划。

回到科瑞品牌的好处是，我知道业务的底层原理，我能立即发挥影响力。团队当时现有的员工都很优秀，在我的指导下，他们取得了更好的成绩。最重要的是，我已经与广告公司建立了牢固的关系，他们刚刚为科瑞品牌打造了一个新的广告宣传活动。这支广告没有任何文字（这在当时很不常见），用特写镜头展示了一名女子的手，她正在用科瑞的产品制作酥皮馅饼，视觉效果与安东尼奥·维瓦尔第（Antonio Vivaldi）的《四季》(*Four Seasons*)相得益彰。广告向妈妈们传达了强烈的情感，关于食品部分的摄影水平也是世界级的。

在我重新加入科瑞前，团队曾做过试验，他们在广告的结尾加了一个直接给出回应的方案：向所有拨打公司"800电话"[①]的消费者免费提供食谱。在当时，教会消费者对使用科瑞的产品进行烘焙和烹饪有很大的需求，一旦消费者采纳了食谱，并且按照食谱做出来的食物得到家人的喜爱，他们就不会再更换原料。

随着我重新加入科瑞团队，我们将这种直接给出回应

---

① "800电话"是一种起源于美国的被叫集中付费业务，由企业或服务行业向广大用户提供免费呼叫，大多数是技术支援、销售宣传或免费售后服务热线。

的营销办法提升到了新的水平。我们分析了消费者喜欢的菜谱，跟踪了科瑞的销售增长情况，还利用收到的回应数据改进了媒体计划，在消费者回应最强烈的节目中投放更多广告。

此外，我们还测试了广告。这支广告的表现超过了科瑞先前所有的广告，包括多年前我参与的以乡村歌手罗瑞塔·林恩（Loretta Lynn）为主角的广告。最重要的是，这支广告吸引了许多年轻的消费者，食谱是其中的一个关键因素，因为这些消费者仍然想知道如何去烹饪菜品。

现在我们有了更好的广告计划和战略性的媒体计划。我们扩大了活动范围，提供了更多的食谱，把关注点放在节日小曲奇上。我知道这些广告一定会提高科瑞的销售和收入，但是我们的预算有限。我们计划在 10 月下旬投放广告，但我想在 9 月份就启动工作，而且我也是这样通知广告和媒体机构的。

在大众的直观感受中，提前几周投放广告可能并不会产生什么大的影响，但事实上最后呈现的效果确实会有所不同。从本质上讲，我这样做是在提前使用支出预算。如果广告没有效果，就会降低品牌的利润水平。事实上我并没有权力这样做。

另一个复杂的问题是,在广告即将推出时,我得到了晋升。

这变成了一个大问题。由于广告投放的时间比原计划要早,而且当时处在一个财政季度的末尾,科瑞品牌及其所在部门的利润率低于预期目标。尽管对通知广告公司提前投放广告这件事,应该由我负全责,但是宝洁公司还是威胁要与广告公司解除合作关系。我写了一份备忘录,明确表示这是我做出的决定,我这么做的目的是发展公司业务。

最后,科瑞的季度表现超出了所有人的预期。即使广告支出增加了,品牌的利润水平也达到了多年来所没有过的高度。作为广告部门副经理,这项业务我又继续做了一年,取得了不错的业绩。但是,那项未经授权的支出扼杀了我在宝洁公司的职业未来——是时候离开了。

之后回顾那段经历时,我认识到,虽然我的想法是正确的,但我并没有把过程执行好。为了增加收入和利润去投资科瑞品牌的广告和营销——虽然我这么做是完全正确的,但是我确实越权了。

另外，某个行业有了发展势头后，它就会创造出良好的整体环境，人们也就希望继续在这个行业工作，他们的创造力会得到释放，新想法也会得到实施。

我本应该写一份出色的"一页备忘录"，说服管理层投资广告；我本应该游说大家支持我的建议，让大家为之兴奋；我本应该保持透明，邀请其他人参与我的思考。

在人生的下一个角色中，我会应用这些经验教训。

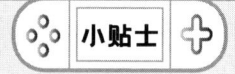

小贴士

我们经常会犯错。不犯错误，我们什么都学不会。但犯了错就要勇于承认。很多时候，我们会寻找借口或者责怪他人。

承认错误是学习的关键一步。

然后，相信这仅仅是个过错。要诚实面对：这次你没把事情做好，你做了错误的决定，因为结果是不会说谎的。

要学会从中吸取教训，避免再犯同样的错误。

五 及时止损

百事公司曾多次想从宝洁公司挖走我。

在宝洁公司从事软饮料业务期间，我经常与可口可乐公司和百事公司打交道。这两家公司在市场上占据着主导地位。每家公司都拥有重要的装瓶厂网络，负责把从总公司买来的浓缩物制作成软饮料。果味汽水、海思汽水和桔仔冰等品牌都由可口可乐公司和百事公司的经销商装瓶，然后将产品分销到零售店。我们的品牌是一种"附属品"，为分销商提供获得收入的机会，为消费者提供各种口味的产品。分销商是按地域划分的，因此海思汽水可以在某个市场与可口可乐公司分销商合作，而在紧邻的市场又与百事公司分销商合作。这使开展全国性宣传活动变得极具挑战性，因为我不仅要与当地的分销商谈判，也得和全国的可口可乐公司或百事公司谈判，这样才能获得支持。因此我有机会接触到这两家公司的高层领导。

20世纪80年代中期，百事公司曾试图让我加入其旗下的菲多利公司（Frito-Lay）。当时，我若要加入，时机并不太好，而且加入后要负责的品牌罗德椒盐卷饼（Rold Gold pretzels）也不太符合我的职业规划。但在经历了科瑞品牌的惨败之后，我学会了对其他选择保持更加开放的态度。

比萨行业

1991年，我成为必胜客（Pizza Hut）的部门营销总监，这是加入百事公司最合适的机会。当时，百事公司拥有3家餐饮公司：肯德基（Kentucky）、塔可钟（Taco Bell）和必胜客。

在必胜客的西部分区，我负责全国近三分之一的区域——从俄克拉荷马州向北,到达科他州和得克萨斯州以西。此外,我有4个同行负责美国的其他地区。我们的工作是设计和实施区域营销计划,支持堪萨斯州威奇托总部制订的全国销售计划。

因为增加了新的外卖和外带餐厅地点,我负责的地区销售额增长最快。从历史上看,必胜客销售的比萨一直以堂食为主。由于我所在的地区人口密集,土地价格昂贵,必胜客"红色屋顶"(red roof)[①]堂食店(简称红顶餐厅)的数量有限。但是外卖和外带餐厅(简称外送小店)的占地面积小得多,建造起来成本也更低。我负责的西部地区率先开始把销售重点从红顶餐厅向外送小店过渡。

当时,红顶餐厅和外送小店不仅分布在不同的地区,而且分为公司所有和加盟商所有两大类。加盟商倾向于较小的市场,在这样的市场里,红顶餐厅吸引着家庭成员外出就餐。通常,加盟商会为红顶餐厅增加送货功能,而不仅仅是开设一家单独的外送小店。

营销方案是由美国的全国性合作协会(National Co-

---

① 必胜客成立于1958年,于1971年成为顶级的比萨连锁餐厅,"红色屋顶"成为其品牌的经典符号。

operative Association）决定的。这个委员会的成员代表分别来自公司和加盟商，它们各自有两个永久投票成员。决定性的第 5 票要看公司或加盟商谁的收入更多。在我加入之前，第 5 票归属于公司。

地方合作公司以类似的方式为地方媒体和营销活动提供资金。投票是根据收入来计算的。我在西海岸附近地区拥有多数投票权，但是在华盛顿州的斯波坎市（Spokane）除外。

在全国范围内，公司推出了单人厚皮比萨的堂食促销活动，在上午 11 点至下午 2 点的午餐时间段内推动堂食。虽然我刚加入必胜客，但我知道对我所在的西部地区来说，这是一场灾难。我们有 1000 多家专门的外送小店，但是这些小店甚至不提供单人厚皮比萨！即使是传统的红顶餐厅，午餐在整个收入中也只占很小的一部分，午餐收入再怎么增长也无法推动餐厅整体业绩的增长。

从全国层面看，推行这个活动是为了安抚加盟商。但是历史证明，这些办法已经没有那么奏效了。然而，公司拒绝使用决定性的第 5 票来否决这个方案。

我的办法是在全国销售的单人厚皮比萨上增加一条关于外带和外卖的广告信息。这样既可以推动销售额的增长，也可以为外送小店打一个强有力的广告。但是，我受到了公司全国营销部门的严厉批评。他们认为我不是合格的团队成员，因为我没有用额外的地方营销资金来支持全国的销售计划。我得到的唯一支持来自美国全国媒体购买（media buying）①经理。我在餐饮业摸爬滚打期间，他是一位关键的盟友，他对我所在的地区十分了解。

为了有效推广外带和外卖的广告信息，我与这位经理分享了利用西海岸媒体的想法。我们可以购买西海岸的电视媒体，在沿海地区发布广告，这比利用现场媒体更有效。媒体经理知道这种方案更有效率，多年来一直试图推行，但存在一个问题：我需要得到有影响力的当地合作公司的支持，而我在斯波坎没有选票，无法独自推动这一进程。换句话说，我需要让地方合作公司加入进来。

招募他人

因此，我前往斯波坎，与当地合作公司的主席交谈。

---

① 媒体购买是一种营销、推广的方式，是指企业（广告主）在有影响力的媒体上购买广告位，放置自己的广告。目标受众看到广告后，有可能购买产品并转化为客户。

我对他说,这么做对他的业务以及市场上其他加盟商的业务都是有利的。这是一项艰巨的工作,需要多次上门访问和电话联系。最后,我用数据说服了他。

在传统红顶餐厅中,午餐收入不到总收入的15%,外卖和外带的收入则超过60%。如果没有营销支持,外卖和外带的收入就会送给竞争对手。我用各种收入模型告诉他,即使是斯波坎地区的红顶餐厅,一天当中的午餐收入以及全美国支持的营销活动都没有创造足够的上升空间,无法改变总收入的停滞。即使是加盟商的餐厅,他们也需要推动外卖和外带业务,增加收入,提高利润率。

我已经从科瑞的惨败中吸取了教训。虽然我知道我是对的,但我也需要盟友。我需要通过正式的程序,让每个合作伙伴都支持我的计划。

小贴士

让别人支持你的想法是一项关键技能,商学院没有教过我们该如何做。无论担任何种角色,你总是试图"推销"新的想法或处理问题的新方法。为了有效地做到这一点,你需要了解面临同样的问题时,其他人有什么观点。他们觉得什么是最好的解决方

> 案？他们认为你提出的计划有什么问题？你如何把这些想法结合起来，获得最佳解决方案？
>
> 针对他人的反对意见解决问题是征求他们同意的第一步。你需要展示出如何通过你的方法来解决他们担忧的问题。
>
> 一旦其他人被说服了，他们就会为你的想法做宣传。建立联盟确实是推进颠覆性想法的唯一途径。

西海岸媒体恰好在为一款带有火腿和菠萝的夏威夷式比萨做广告。我们使用了警匪剧《天堂执法者》（*Hawaii Five-0*）的主题曲，这个广告很精彩。西海岸餐厅的外带和外卖服务因此取得了很好的销售业绩。在全美国范围内，包括我们有堂食的餐厅，午餐业务因单人厚皮比萨计划而大幅增长。但是，正如我所预料的那样，这还不足以推动连锁店的整体业绩增长。在这段时间内，只有西部地区的分公司实现了整体收入的增长，这都得益于西海岸媒体的助力以及更为平衡的方法。这是一场重大的胜利。

结缘游戏

在这段时间里,我也在学习别的事情,不过是更加个人化的事情。年轻时期的我曾在朋友家和录像厅玩过电子游戏,但我还是买了自己的游戏机:超级任天堂娱乐系统(Super Nintendo Entertainment System,简称SNES)[①]。

这个游戏机自带了一款游戏——《超级马力欧世界》(Super Mario World)。我开始无休止地玩这个游戏。我被其中的音乐、游戏玩法以及马力欧的游泳和飞行能力吸引。最后,我用99条"生命"完成了游戏,探索了所有的隐藏关卡。这说明我掌握了游戏技巧,同时我也利用《任天堂力量》(Nintendo Power)[②]和《电子游戏月刊》(Electronic Gaming Monthly)[③]等杂志的信息来"过关斩

[①] 即家用游戏机超级任天堂(Super Famicom,简称SFC)的欧美发售版本,是任天堂家庭电脑(Family Computer,简称Famicom或FC,俗称"红白机";其欧美发售版本为任天堂娱乐系统,即Nintendo Entertainment System,简称NES,俗称"灰机")的后续机种。

[②] 《任天堂力量》是一本刊登有关任天堂电子游戏新闻及攻略的内容的月刊杂志。

[③] 《电子游戏月刊》是一本美国的电子游戏主题杂志,于1988年创刊,以最新世代主机游戏新闻报道为主。

将"。我成了忠实的游戏玩家，这反映了我作为"完成者"的心态。我需要百分之百地通关一款游戏。这激发了我的竞争精神和求胜欲望，无论是玩电子游戏、开展营销活动还是做其他事情。

每逢周末，我都会到售卖电子游戏的玩具和消闲品商店寻找新的游戏。我拥有并玩过 SNES 的 70 多款游戏。很久以后，当我成为美国任天堂公司销售和营销的执行副总裁时，我了解到，这款设备的拥有者平均玩过 8 个左右的游戏。看来，我的确是 SNES 的一个超级用户。

我认为没有一款游戏会比《超级马力欧世界》更能吸引我的注意力，直到我开始玩《塞尔达传说：众神的三角力量》(The Legend of Zelda: A Link to the Past)①。玩这款游戏成了我的第二份"工作"：白天，我为必胜客设计和实施营销方案；回家吃完晚饭后，我开始玩这款游戏，一直玩到深夜。玩这款游戏既需要策略也需要智慧：需要策略是因为我必须选择如何处理游戏的特定情节，比如用蛮力击败敌人还是撤退以获得更多的健康值；需要智慧是因

---

① 《塞尔达传说：众神的三角力量》是由任天堂开发的二维动作冒险游戏，于 1991 年 11 月 21 日首发于 SFC。

为我必须解决游戏中的谜题才能取得进展。

我被它难住了。当无法解开谜题时，我会拨打任天堂游戏热线寻求帮助。我第一次打电话的时候，他们给我提供了很宽泛的建议。这其实没什么用，于是我又打电话过去："听着，我刚才打了一个电话，你们的顾问只给了我很宽泛的建议。我需要的是答案！"几秒钟后，他确实给了我答案。直到后来，作为任天堂的高管，我才知道这样做是禁忌，但我还是很感激他们。

我的儿子（3个孩子中的老大）也迷上了这个游戏。他有自己的游戏存档，睡觉前，他会看我玩游戏。放学回家后，他会看看在没有他在场的情况下，我进展到了什么程度，然后在自己的游戏文件中一直玩到我到达的关卡。

在经过一整晚的奋战后，我到了最后的"头目（BOSS）战"。打败这个敌人就能通关了。那时大约是凌晨3点，我必须在几个小时内起床，为接下来一天的工作做准备。于是我停下游戏睡了几个小时，但是在工作期间，我满脑子都想着回到游戏中去。

那天晚上，我走进屋子，听到儿子兴奋的尖叫声，我的心沉了下去。我清楚地知道发生了什么。他找到了我的游戏存档，在连续几个小时里试图击败最后的BOSS，并在我进门前就完成了任务。他有机会看到游戏的通关褒奖，但是我永远看不到了，因为褒奖只会在第一次通关游戏后播放。后来，当我在任天堂工作时，我在1000多名游戏行业高管面前讲述了这个故事。宫本茂（Shigeru Miyamoto）[①]先生是这个系列游戏的创造者和开发者，被娱乐软件协会视作行业领袖。宫本茂先生问我："雷吉先生，这个故事是真的吗？"我向他保证道："是的，宫本先生，这是真的。在我成为任天堂员工之前，您已经感动了我和我的家人。"

从善如流

1993年春天，我接到必胜客市场部负责人的电话，对方要把我调到威奇托（Wichita）总部，让我负责一个关键的项目。我即将加入的部门要试销一款新产品——大脚比

[①] 宫本茂，生于日本京都，任天堂的王牌游戏设计师和代表董事研究员，曾任任天堂情报开发本部（Nintendo Entertainment Analysis & Development，简称EAD）总监兼总经理，被称为"马力欧之父"。

萨（Bigfoot Pizza），公司希望我管理这个项目。

当时，美国正经历着经济衰退。我们的竞争对手小恺撒公司（Little Caesars）通过以低廉的价格出售两种外带比萨，获得了蓬勃的发展——味道和口感并不重要。与必胜客相比，以低价提供大量的食物，这正是很多家庭所需要的。大脚比萨是我们的应对之策。这是一种长方形的比萨饼，2英尺①长，1英尺宽。大脚比萨的售价与小恺撒的相同，但除了外带服务，我们还有外卖服务。

我负责管理市场和制订整体的方案。大脚比萨为公司带来了巨大的收入和快速的利润增长。我们必须弄清楚如何管理餐厅的容量，因为每个比萨饼的烘烤时间大约为10分钟。在晚餐高峰期，比萨饼的产出是不间断的。作为管理人员之一，我在必胜客餐厅度过了许多个夜晚，经历了许多个晚餐高峰期。为了解大脚比萨的需求，我变得疲惫不堪。

我需要说服全国合作协会在全国范围内推出大脚比萨。我遇到了与在西海岸投放广告时类似的处境：考虑到加盟商的红顶餐厅，外卖和外带服务对他们来说并不那么重要。

---

① 英尺是英美制长度单位。1英尺=12英寸≈0.3048米。

我不得不开辟更多的市场，这次涵盖了加盟商的所在地，以便他们能亲自看到收入的增长。尽管他们确实看到了收入的大幅增长，也收到了来自小恺撒的威胁，但他们还是很难被说服。好在最后，他们终于支持了这一方案。在全美国范围内推出时，大脚比萨还赢得了创新奖项。

我负责观察大脚比萨的经营成果。大约在推出6个月后，市场调查显示了一个令人不安的问题。为了以低价销售大量的大脚比萨，我们采用了与传统必胜客产品不同的饼皮和不同的奶酪。事实上，大脚比萨比传统的必胜客比萨口感要差。市场调查显示，消费者注意到了这个差异。

如果酱汁和奶酪使用不当，大脚比萨的薄皮边缘经常会烧焦。由于奶酪的脂肪含量较高，如果没有完全烤熟，奶酪就会吸收油脂，使整个比萨变得黏稠。我们接受了顾客对大脚比萨的负面评价，小恺撒公司也有相似的问题。但是，消费者逐渐开始对必胜客其他的比萨也做出了负面评价，尽管这些比萨的食谱一点儿没变，这是我们无法接受的。

我把调查结果告诉了必胜客的领导层，主张公司应重新制订计划，放弃大脚比萨业务。想象一下这个180°的大转弯：曾经为推出大脚比萨努力工作、力排众议的人，现在却在主张将其放弃。

我提出了自己的观点，说明了顾客对公司产品的评价是如何下降的，告诉了领导我们有可能失去品牌的核心利益。此外，我还展示了团队是如何削弱小恺撒的竞争力的，告诉大家我们要把注意力转移到棒约翰（Papa Johns）等其他竞争对手身上，因为他们正在发布有关产品质量的广告。为了品牌的长期健康发展，我的这种做法是正确的，最终大脚比萨从美国人的菜单上消失了。对我来说，这是一条非常重要的经验。我曾推出过一款创造了近10亿美元收入的产品，赢得了各种奖项，最后却不得不将其放弃。这一经历促使我思考，公司需要制订长远的战略，无论多么痛苦都要推动正确的决定。我们应当承认错误，迅速转向更好的解决方案。

小贴士

长远思考是一项难以学习的技能。我们往往希望从新的想法或提议中迅速获得满足。团队领导要学会顺势而为地思考问题，针对某个特定的决定产生的结果进行谋略策划。不要在思考中僵化、拖延地做出决定,而要去假设可能出现的情况:如果我们这样做,可能会发生什么。积极的结果是我们所期待的,但你该如何减少负面的结果?当脑海中的假设方案能更加成功时,你就可以自信地向前迈进。

六 过于积极

非常幸运,在职业生涯早期,我就知道了在经营企业时哪些方面会令我兴奋。我看重企业发展的速度。对我来说,一家不断发展的企业是令人兴奋的。这是我喜欢餐饮业的原因,也是后来我在娱乐和电子游戏领域获得长足发展的原因。

我对复杂的事物情有独钟。我喜欢深入思考某项业务,考虑存在的问题以及潜在的解决方案。接着我可以对解决方案进行谋篇布局,了解其对下游业务的影响。在处理复杂问题时，我经常看到其他人在陷入困境后感到沮丧。对我来说，处理复杂问题要求我进行深入研究，督促我去解决问题，去让消费者兴奋，去推动业务发展。

我学会了退一步纵观全局，批判性地思考遇到的问题和挑战，运用战略眼光克服困难。有些小问题如果不及时解决，可能会导致严重的后果，我知道了何时是解决这些小问题的最佳时机。既可以在公司会议上俯瞰全局，又可以在具体问题上见微知著，这种平衡思维成为我的核心竞争力。

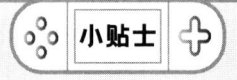

> **小贴士**
>
> 我发现，有的管理者可以有效了解大局，有的管理者可以有效掌握细节。但是，最好的企业领导人能同时做到这两点，并且能在适当的时候（也许就是在同一场会议上）在二者之间自由切换。

革新公司

熊猫餐饮集团（Panda Management Company，简称

PMC）是熊猫快餐（Panda Express）和熊猫餐厅（Panda Inn）的母公司，正是在这家公司，我将上述想法付诸实践。从必胜客离职后，我加入了熊猫餐饮集团。这是我第一次担任部门主管，也是我第一次加入整个企业的执行领导团队。

熊猫餐饮集团是一家私人所有的家族企业，这家企业通过建立新的餐厅以及通过首次公开募股（Initial Public Offering，简称IPO），转变成了一家高速增长的公司。与餐饮业的其他类别不同，中式快餐店在美国一般没有市场领先的连锁店，在当时往往都是由夫妻开的小店。作为一名外国的消费者，当你在去当地的中餐店吃饭的路上时，你永远猜不到你能吃到什么食物。高品质的食物和一致的菜单至关重要。热情为顾客解答店里有哪些特色菜的友好员工也是与众不同的服务体现。熊猫快餐试图为此建立黄金标准，从而成为第一个在美国的全国性中餐连锁品牌。

1973年，程正昌（Andrew Cherng）及其父亲程明（Ming-Tsai Cherng）在加利福尼亚州帕萨迪纳（Pasadena）开了第一家中餐厅，名为"聚丰园"。在公司发展过程中，程正昌的妻子蒋佩琪（Peggy Cherng）发挥了重要作用，她促使休闲快餐品牌——熊猫快餐从中脱胎而出。

1994年,程氏夫妇聘请了一位小有成就的餐饮业高管约瑟夫·米卡洛特(Joseph Micatrotto),目标是创建一家世界级的餐饮公司。第二年,我被招募来负责公司的市场营销。

我当时非常想得到这个职位。虽然市场部门规模不大,但我带着严谨的思维和对食品创新的关注加入了这个部门。

当时,熊猫快餐店大部分都是位于购物中心餐饮区的餐厅。在这种环境下,熊猫的图标非常突出。而且,熊猫快餐的食物品质非常高,在商场午后的休息时间,其员工会在美食广场外的公共区域向潜在的消费者提供试吃样品。

我大力推行这种内外相连的营销方式,利用商场的流量来增加我们分店的访问量。我还想办法做出新菜品,利用橙皮鸡(Orange Chicken)这道熊猫快餐最畅销的菜品对新口味进行宣传。当客人点两份组合拼盘时,通常会有60%以上的客人选择橙皮鸡。橙皮鸡的制作成本很高,因为需要准备鸡肉,然后将其裹上面糊并快速翻炒，再用辣橙汁翻炒，整个过程包含了多个步骤。

我们与熊猫快餐的主厨合作，做出了大量色香味俱佳的新菜肴，制作成本也比橙皮鸡要低。我们为这些新菜谱设计了促销方案，餐厅的客流量得到了进一步增加。

芦笋问题

那时我们正准备策划一场主题促销活动，名字叫作"中国味道"（The Taste of China）。这个活动中的特色菜之一是我最喜欢的一道菜：豆瓣酱芦笋鸡。消费者也很喜欢这道菜，大约四分之一的顾客都会都选择这道菜。但是公司的采购主管大卫·帕斯利（David Parsley）紧急到访，为我们指出了问题。大卫与我同时加入公司，他是领导公司上市的团队的一员。

"雷吉，出了个问题，"大卫说道，"我们发现现有的芦笋有某种枯萎病。在接下来的几周里，我们的成本将会翻倍，甚至可能会更高。"

这是个大问题。在促销活动中，芦笋是我们使用的比较昂贵的蔬菜之一。为了争取部门对这道菜的支持，为了把这道菜纳入促销活动的范围，大卫一直是我关键的合作伙伴。随着成本的急剧增加，我们面临着选择的压力——要么取消这道菜，要么完全取消促销活动。

我们召集团队成员研究解决方案。除了芦笋之外，把豆瓣酱引入熊猫快餐是这次促销活动比较特殊的举措。我们需要深思熟虑，否则这次促销将无法收回成本。

我们决定将鸡肉炒西兰花与豆瓣酱芦笋鸡一起作为促销活动的主打菜品。西兰花已经是餐厅的主打食材，采购更多的西兰花不成问题。这道菜也可以使用我们先前采购的大量豆瓣酱。我们急忙拍摄了新的食品照片，重新印刷了宣传材料。我们需要两周的时间来更换新的配方，并准备营销素材。大卫负责原材料过渡工作，确保我们在短期内有足够的芦笋，然后采购更多的西兰花来支持促销活动。

这个典型的例子教会我们：需要退一步了解问题的广度，了解问题对公司财务健康的潜在影响，然后深入细节，用有效的方式解决问题。

除了使公司免于面对更大的困境外，解决复杂的商业问题还有别的好处。比如在上述情况中，还有两个额外的好处：第一，大卫和我的关系一直很亲密，这次经历巩固了我们的职业联系和个人友谊；第二，这段经历也让我在整个公司，特别是在我们的团队中获得了良好的声誉。当我面临下一个挑战时，这两点显得非常宝贵。

街头小店

为了让熊猫餐饮集团获得不错的首次公开募股，我们的业绩需要实现强有力的增长。当然，通过增加新的商场摊位，增加大多数地点的饭店收入，公司在不断进行扩张。但是管理层认识到，即使在20世纪90年代中期，高质量商场的数量也非常有限。为了激起投资者的热情，我们需要打造一种可以开在世界任何一个街角的餐厅：这种"街头小店"既可以与当地的夫妻小餐馆竞争，也可以发展外卖或免下车餐厅等新形式业务。

熊猫快餐曾经实施过"街头小店"的方案，但结果并不理想。从本质上讲，"街头小店"只是把商场里的摊位摆放在商场外面，食物仍然陈列在消费者可见的、用蒸汽加热的餐桌上，此外并没有什么新的室外营销手段。换句话说，它的菜单和你在商场摊位上看到的一样，重点是组合菜品和家庭配餐更适合在家里吃。因此这一方案没有奏效一点儿也不奇怪。

我负责打造新一代的"街头小店"，为首次公开募股增添动力。

我的选择并没有得到大家一致的支持。有人质疑：对于运营饭店相关的经济知识，我这位营销人员了解多少？房地产知识呢？为这些新的熊猫快餐店找到合适的位置是至关重要的。

在必胜客工作期间，虽然我确实也接触过这些问题，但我并不是专家。通常情况下，领导者会面临挑战，在计划开始时他们并不具备所有的技能或背景。在这种情况下，有两个成功的关键因素：引人注意的愿景以及向其他专家快速学习的能力。于是我对熊猫快餐的"街头小店"提出了新的愿景，同时我也有能力提出问题并向内部专家学习，最后实现我的愿景。

我的愿景是开一家熊猫快餐店，提供美味的食物。此外，我们也需要扩大菜单，吸引消费者经常光顾餐厅，让他们对现有的选择永不厌倦。对那些希望在午餐时享受堂食的客人，我们将提供有限的座位以及组合拼盘。快餐店经营的重点是外卖。在未来，我们计划提供外卖服务和得来速（drive-thru）① 服务窗口。

餐厅的运营模式需要改变。我们不再需要明显的蒸汽餐桌，大部分食物都是按订单即时烹制的。我们需要更多的炒菜台，但要有不同的尺寸，因为有些菜会根据客人先前点菜的经验进行大批量的烹饪。更多的炒菜台也意味着需要更大的区域来清洗盘子、保持清洁。我们需要更好地管理排队等待的客人，还要防止收银台前出现拥挤现象。

我们还需要提高营销能力，首先要从影响深远的本地营销开始，这是我在必胜客营销部门工作时学到的经验。我们直接给当地的消费者发送邮件，告知他们我们的餐厅开业了，同时向他们展示菜单。我们还需要为成功做计划，考虑在不同的场景下扩大营销规模，将广播或电视广告等大众市场传播方式纳入其中。

我描绘的愿景与公司之前的考虑非常不同。我迫使大家探索各种各样的想法。为了寻求创新，我的团队访问了

---

① 即汽车购餐车道餐厅，驾车人不用下车即可得到服务。

一系列快餐店和休闲餐厅，包括不卖中餐等亚洲食品的餐厅，并从中获得了许多想法。"借鉴并重新应用"成为我的另一个口头禅。

新的熊猫快餐店的外观和运作方式与从前的完全不同，这意味着我必须向公司的每一位专家学习。为了解大多数消费者在餐厅中从未见过的工作流程，我经常向运营领导提问。在熊猫餐馆，我花时间学习准备食物的过程，把整个过程调整得适应我们的新理念。在创建新的流程时，我需要让运营团队相信这些流程会发挥作用。新的想法总是面临阻力，但我们把专家纳入了整个过程，确定步骤、测试流程并优化最终结果。这是我发现并克服初始阻力的唯一方法。

我陪同房地产专家为我们头两家试验店精心挑选了地点。我们希望其中一个地点成为得来速餐厅，这也是实验的一部分。另一个地点将更注重为社区服务，附近需要有一些可以支持餐厅午餐高峰的企业。在午餐和晚餐之间取得平衡也是我在必胜客时期学到的一条重要经验。

新的"街头小店"需要一套与商场中的饭店完全不同的收银系统。收银系统需要连接到食品的票据系统，这样厨师才知道他们需要准备什么。

最后，我需要向熊猫餐饮集团的执行团队和董事会推销整套理念。最重要的是，我需要向程正昌和蒋佩琪推销这个新理念。这两位是最重要也是最具挑战性的，他们是行业专家，用自己的双手创立了这家企业。程氏夫妇看出我提出的概念非常复杂，但他们理解执行"街头小店"的详细计划，他们也看到了其中蕴含的潜力。

第一家"街头小店"建在加利福尼亚州的曼哈顿海滩（Manhattan Beach）。我参观了正在建设中的小店。当厨房完工后，我在那里进行了初步的食品准备测试，确保流程能如我们想象般流畅。我们模拟了订单高峰期，进行了压力测试，发现了一些需要修复的缺陷。开业的日子逐渐逼近，我们既感到压力，也觉得振奋。

小贴士

成功的创新总是从核心的东西开始：既可能是公司或品牌现有的资产，也可能是你试图解决的关键问题。

你的业务和盈利的关键方法是什么，对此你要有深刻的认识。你的品牌对消费者意味着什么,对此你要有敏锐的洞察力——特别是,你的品牌是如何与消费者可以选择的其他产品区别开的。

对熊猫快餐来说,美味的食物和员工提供的良好体验是核心。我们改变了"街头小店"的一切。食物和体验使我们的餐厅与竞争对手区别开来,由此我们实现了品牌的核心价值。

事与愿违

总体来说,我们"街头小店"的经济效益要达到年平均营业额100万美元。这是非常高的标准,这样的业绩要求比公司以前"街头小店"业绩的3倍还多。

曼哈顿海滩店开业时,收入明显高于我们的预期目标,业绩从开业后持续增长。消费者的反馈普遍是积极的,因为我们的食品质量非常好。尽管服务的消费者比最初预测的要多得多,我们还是能尽可能地缩短客人等待的时间。无论对公司还是对我个人而言,这家店都是巨大的成功。

第二家店开在加利福尼亚州的影视城(Studio City),

这家店的表现就没那么好了。我们在申请许可时被耽搁了，因为我们想努力调整小店的覆盖区域，让司机不用下车就可以享受服务。顾客进入和离开得来速餐厅需要占用的土地比我们最初设想的要多。我们与市政府争论了几个月，因此施工被拖延了。在我为熊猫餐饮集团工作期间，这个地点的餐厅一直没能开业。

由于程正昌和蒋佩琪改变了对首次公开募股的想法，我在熊猫集团的时间大大缩短了。尽管现在我们有"街头小店"这个概念作为公司的增长引擎，但程氏夫妇决定打造一家私人持有的公司，他们想放缓发展速度。

之前加入的高管接连离开了公司。大家都来自比较大的公司，相信可以把熊猫餐饮公司带到一个引人注目的新高度。但是成为一家运营良好但规模较小的公司的一分子，这并不是我们的初衷。

我与程氏夫妇的谈话尤其令人心碎。他们喜欢我所做的工作，告诉我在未来我有可能掌管整个公司。作为好朋友，我告诉他们，我也爱他们。他们对我"街头小店"的新理念给予了信任，我也通过这一经历得到了成长。但是，作为创始人和大股东，他们总是要做出最终决定。就像改变发展路线和不执行首次公开募股的决定一样,他们并不能始终遵循客观事实。因为这一点,我做出了离开公司的决定。

> **小贴士**
>
> 在有些情况下,为了争取成功,你做了所有正确的事情,但继续坚持下去变得不太现实了。无论是企业还是个人,道理都一样。在这种情况下,你要保持清醒的头脑,了解面临的现实。做出最好的决定,不怨恨,不指责。

另寻他路

因为全家人都住在东海岸,在找工作时,我格外注重那里的工作机会。我既有在餐饮业工作的机会,也有回到快速消费品行业工作的机会。现在我想走另一条道路,于是我选择了离开餐饮业。

另一条道路是在健力士进口公司(Guinness Import Company)工作,这家公司负责销售、营销和分销健力士黑啤以及其他优质进口酒精饮料，包括巴斯啤酒、哈普啤酒、比尔森啤酒和红条纹淡啤酒等。除了看重品牌效应之外，我选择这家公司的一个关键性决定因素是我的准老板：加里·马修斯（Gary Matthews），他是我在宝洁公司的同事。

在宝洁公司时，加里和我并没有一起工作过。他离开宝洁公司到百事公司工作后，我们也没有机会一起合作。但是对商业战略和品牌建设，我们有着相同的发展框架；对公司的快速发展和收入增长，我们也有着共同的热情。

在健力士与加里一起工作，我有机会再次确认了两个关键点。

第一个关键点是，你并不总是需要实施全新的想法来推动公司强劲的业绩增长，执行现有的想法也可以做得很好。当我加入健力士时，公司正在开展一项促销活动，为消费者提供在爱尔兰"赢得自己的酒吧"（Win Your Own Pub）[①]的机会。对品牌爱好者来说，赢得一家酒吧，喝着健力士啤酒在爱尔兰生活，这样的生活方式是

[①] 指一种通常在酒吧举行的促销活动或竞赛，参与者有机会赢得一家酒吧作为奖品，商家以此吸引人们参加并为店面增加关注度。

美梦成真的时刻。想到这个点子的团队已经在酒吧开展了促销活动，但是促销活动还没有在零售店中得到积极推广。

健力士刚刚推出了一种罐装的散装啤酒，在罐子打开时，有个小部件会向黑啤中释放氮气。当一品脱①健力士啤酒倒出时，氮气会产生层叠的效果和浓厚的泡沫。氮气还使健力士啤酒具有丝滑、细腻的口感，这种感觉与你从含有二氧化碳气体的典型拉格啤酒中得到的咬合感非常相似。

我向公司提出建议，想利用"赢得自己的酒吧"这个促销活动，结合健力士罐装啤酒的特色，推动零售活动。促销取得了巨大的成功。消费者喜欢这款产品及其新奇的小工具。零售商也喜欢这个方案，因为与美国国内品牌相比，进口啤酒有更大的盈利空间以及更高的利润。

发挥卓越的执行力，利用现有的但未被充分利用的想法，是取得成功的一个好方法。健力士公司有一场娱乐活动，叫作"健力士节"（Guinness Fleadh）。这是一

---

① 品脱是一种容积单位，主要用于英国、美国和爱尔兰。1美制湿量品脱≈473.176473毫升。

个关于音乐和生活方式的节日，基于爱尔兰古老的舞蹈和音乐习俗。就在我加入健力士的时候，公司团队在纽约市举办了第一届"健力士节"。这是一次为期两天的活动，在活动期间只提供健力士生产的啤酒，以此推动公司业务的增长。对当地的经销商来说，这次活动让他们收获满满，但活动对纽约市以外地区的业务并没有太大影响。

第二年，我与团队合作将"健力士节"带到了3个城市：纽约、芝加哥和圣何塞，利用更广泛的地理覆盖面在美国各地开展零售活动。在零售方面，健力士黑啤酒、巴斯啤酒和哈普啤酒都得到了展示机会。所有品牌的销量都有巨大的提升。这个方案很受欢迎，我们努力为"健力士节"制订新的扩张计划，每年继续纳入新的城市。

老板特质

第二个关键点是，在健力士进口公司的工作经历让我明白了一个道理。这个道理看起来很明显，但新晋经理未能掌握：没有伟大的老板，你就不可能成功。

由于在健力士进口公司创造了很高的业绩，加里被提拔为健力士在英国的大型业务负责人。我当时在公司的资历不高，所以没有得到他原先的职位，而是由健力士爱尔兰分公司的一位高管接替了他原来的职位。

也许是因为学习复杂的美国酒类法律对一个外籍人士来说难度太大，也许是因为继续保持公司的高增长业绩本身会带来巨大的压力，又也许他就是不能胜任这个任务——不管怎么说，我的新上司在职位上并不成功，但他觉得是我的原因。在早期的绩效评估中，他说："雷吉，你太积极了，太乐观了。"

"您可以展开说说吗？"

"你总是想方设法变得更好，让其他人也变得更好。但是有时，你只需要撒腿跑路就好。"

毫无疑问，在那次谈话之后，我没有在健力士进口公司待更长时间。他让人觉得不快，我没有跟他学到东西，也没有享受到工作的乐趣。

对我来说，幸运的是，我之前的老板加里也不喜欢健力士英国分公司。离职后，他开了一家由私募基金支持的自行车企业，名为德比自行车公司（Derby Cycle Corporation），这家公司将购买强大的自行车品牌，想要打造出一个强大的全球销售网络。他邀请我加入这家企业，担任首席营销官（CMO）。

> **小贴士**
>
> 　　伟大的老板能增加公司的价值。他们以你的想法为基础，帮助你处理办公室斗争或困难的同事关系。他们利用经验来教导你，帮助你成长。当下属比自己更强时，最好的老板也不会觉得受到威胁；在这种情况下，伟大的老板既向你学习，又不妨碍你的成长。
>
> 　　有时你会遇见普通的老板。在这种情况下，只要你继续学习和不断贡献，你就能做得很好。但是，当你遇到不好的老板时，要尽快离开，越快越好。如果你喜欢这家公司，那就尽量从事远离这位老板的业务。如果你做不到这一点，那就选择去别的公司发展。在这样的老板身上，我们能看到一连串优秀的人逃离他们的痕迹。最终，这些老板的公司会被竞争对手追上，于是他们又去带领另一个团队、部门或组织，结果同样搞得一团糟。

新的圈子

当时的全球自行车行业是高度分散的，只有少数几个大品牌，其中最大的是零部件公司禧玛诺（Shimano, Inc.）。由于行业结构的特色，自行车公司的利润率普遍很低。

德比自行车公司寻求不同的竞争方式。我们有罗利（Raleigh）、尤尼维加（Univega）和菱形（Diamondback）等全球品牌。我们也有一些强大的区域品牌，如荷兰的皇家自行车（Gazelle）和德国的福克斯（Focus）等。

作为工作的一部分，我负责产品开发。这意味着我要把所有国家的产品经理召集起来，讨论其公司生产的不同自行车的功能。我想协调所有类型自行车的规格。我相信，无论是在法国、意大利或美国，一辆优秀的公路自行车的规格应该是相似的。山地自行车或儿童自行车也应该如此。但在当时，每个产品经理负责的自行车的规格都略有不同。业务已经很复杂了，因为我们提供了不同类型的自行车：儿童自行车、山地自行车、公路自行车，等等。

如果没有统一的产品开发过程，我们需要购买数十万个不同的零部件。

通过协调方案，我们把公司的规模当作与禧玛诺等零部件公司的谈判筹码。凭借一流的设计，我们将能生产质量更好的自行车，同时提高利润率。

此外，我们还把营销与销售优先的原则应用于一个非常冷清的行业。我们为罗利和菱形这两个品牌制作了世界级的电视广告。我们培训销售团队与独立的自行车店主合作，为实体商店设计更好的营销方案。

我们还设计了互联网战略，这个战略包括一个目录，其中有各种品牌、规格和颜色的自行车，消费者可以先在网上订购，几天后到当地的自行车店去取车。在线下店里，可以让老板做些调整，使自行车更符合消费者的需求，最后让消费者把自行车带回家。这是一个大胆的想法，因为当地的自行车店主空间与资金有限，手头的库存可能非常少。实际上，我们为消费者提供了数百种可供选择的自行车。

我们早就开始向零售商运送自行车，所以这种方法对我们来说没有增加任何成本。随着我们对消费者偏好的了解，我们将在仓库层面管理库存，因此我们比最大的商店经营者更有优势。虽然我们在自行车销售中获得了更多的利润,但处于销售网络中的零售商并没有受到太大的威胁,因为他们可以与消费者建立直接的关系,我们则负责把自行车送到店里进行最后的测试。在这一点上,他们可以销售头盔、服装和其他利润非常高的配件,他们随时可以提供与自行车有关的服务。在1999年,这是一个颠覆性的想法。

总的来说,这项战略是有效的。我们创造了伟大的自行车品牌,消费者也做出了积极的反应。我们实践了互联网自行车店的想法,并取得了成功。我们为私募股权合作伙伴制订了商业计划,告诉他们这项业务将如何大幅增长。

然而,私募股权合伙人被吓到了。因为在一个商业周期中,自行车业务花费了大量的现金。零部件需要在秋天订购,自行车在冬天制造,春天时要把自行车运给线下店主。这些小企业主都是需要信贷的,周期通常是60天。直到夏天,现金才会流向德比自行车公司,而这已经是在花大价钱购买零部件的9个月之后了。即使有零部件制造商的信贷资金,现金转换周期也非常长。我们的私募股权投资者需要提供额外的现金来资助增长计划。

私募基金的投资者不喜欢这种商业模式，他们更喜欢那些不需要大量现金的业务。我们展示了业务增长计划，然后告诉他们用于投资这项业务的现金额，他们显然被庞大的数字金额吓到了。他们要求缩减计划，放慢增长速度。

我们还是太乐观了。

管理团队并不赞同缓慢的增长计划，我又一次成为一个有远大抱负的团队中的一员，但这个团队最后被解散了。

这是另一个重要的道理。有的时候，你相信自己找到了完美的新工作，或者相信自己在目前的公司中担任着完美的新角色。你全身心地投入到工作中，与同事保持着和谐的关系，了解有关新机会的细节，制订出伟大的工作计划。可是事情还是会出错。

有时候，你并不适合这个角色，你并不具备所需的技能。在这种情况下，你需要寻求帮助，获得专业的培训。这其实并不丢人，大多数管理人员会马上给你提供所需的帮助。最好的经理会手把手教你，告诉你需要做什么，但他们不会替你去做。他们只需确保你从培训中学习到了所需的新技能。

其他时候，公司的领导层可能并不接受你的计划。在这种情况下，你要仔细倾听反对意见，了解关键点所在。然后，你需要提供更多的信息，试着说服大家。这意味着你需要拿出新的信息或新的数据，而不仅仅是反复陈述旧事实和旧观点。

在极少数情况下，你搜集到了所有的新信息，热衷于自己提出的计划，但管理层仍然不买账。在这个问题上，你有两个非常清晰的选择：第一，接受失败，与公司保持一致，向下一个计划迈进；第二，以积极的方式去做，相信公司在这一点上有更深刻的洞察力。你可以自己推动这件事，但不要说管理层的坏话；或者继续前进，去做别的事情。还是那句话，从不后悔，从不怨恨。

留在当前的角色或组织中，不可以对不赞成的事情搞破坏。这种行为对整个公司来说是破坏性的，会造成信任的缺乏，产生负面影响。

小贴士

无论在什么情况下,你都要知道下一步怎么走。有时你会发现自己处于这样的状况:你强烈地认为自己是对的,但当权者告诉你,你是错的。要深思熟虑,分析情况,对你的替代方案进行长远规划。你是否只是因为出于受伤的自我或者觉得受了委屈而做出了不恰当的反应?或者你相信你是对的,而只是在错误的公司和错误的领导下处于错误的职位?

你总得有别的选择。

七 音乐之后

那是一段非常有挑战性的日子。当时我正在闹离婚，我得让 3 个孩子明白，父母婚姻的破裂与他们没有关系。那时我的两个儿子分别 15 岁和 11 岁，女儿才 5 岁。他们都对离婚非常不理解，我花了很长时间和他们一起面对并解决这个问题。

我的职业生涯此时也处于困难的境地。在熊猫餐饮集团、健力士进口公司和德比自行车公司之间，我每两年就更换一次职业。虽然每次换工作都能让我增添全球性的经验，但从表面上看，这种"跌跌撞撞"的职业道路并不美好。我需要仔细思考下一个职业角色。

我充分利用人际网络，与多家猎头公司会面。因为曾在宝洁公司工作过，我已经在各个行业建立了有价值的关系。在这个时候，这些关系是最有帮助的。尽管我担心在简历上列出一系列不到两年的短期工作对求职会有负面影响，但是在当时居住的纽约大都会区，我还是引起了一些蓝筹（blue-chip）公司①的强烈兴趣。

我与百事公司的高管进行了积极的会谈。史蒂文·雷尼蒙德（Steve Reinemund）是百事公司的首席执行官，我们在必胜客有过短暂的来往。史蒂文希望我到百事公司任职。这会是一份很好的工作，有很多优秀人才在百事公司任职，我觉得自己可以在那里做得很好。但在某种程度上，百事的工作或多或少是我在宝洁公司做过的事情，也是我不喜欢的：适度发展业务，提高效率，促进利润增长。

---

① "蓝筹"一词源于西方赌场。在西方赌场中，有3种颜色的筹码，其中蓝色筹码最为值钱，红色筹码次之，白色筹码最差。投资者把这些行话套用到股票上，引申为最大规模或市值的上市公司。

另一个机会则完全不同。我当时正在面试维亚康姆公司（Viacom）的娱乐业务，准备担任音乐电视网（Music Television，简称MTV）旗下的VH1频道（Video Hits One）的高级营销副总裁一职。

兴趣 & 挑战

这个岗位的许多方面都令我感到兴奋。我的老板是约翰·赛克斯（John Sykes），他是MTV的开创者。当音乐视频频道的想法初步诞生时，约翰就在这个行业工作了，他领导了早期的营销部门。在面试过程中，约翰和我进行了愉快的交谈。他喜欢我在德比自行车公司做的工作，即在所有不同的业务部门之间建立关系，制订有凝聚力的战略，推动业务发展。约翰说，VH1频道正在经历一段具有挑战性的时期，除了大热节目《音乐之后》（Behind the Music）和他们制作的特别活动，比如"歌剧女主角"（Divas）和"VH1时尚奖"（VH1 Fashion Awards）之外，他们还要弄清楚频道的下一步往哪里走。每个人都有不同的观点。他需要有人来凝聚愿景，然后推动愿景向前发展。

我在VH1担任的角色与我对音乐的热爱相吻合。作为在布伦特伍德长大的男孩，我曾与哥哥共用一间卧室。我们的卧室里总是在播放音乐；当我们还是小男孩时，最初播放的是摩城唱片（Motown Records），然后是猫王音乐（Elvis Presley）。哥哥向我介绍了滚石乐队（Rolling Stones）、吉米·亨德里克斯（Jimi Hendrix）、贾尼斯·乔普林（Janis Joplin）和鲍勃·迪伦（Bob Dylan）。我们一起听了齐柏林飞船（Led Zeppelin）和奶油乐队（Cream）。我开始倾向于听更多的流行音乐，比如弗利特伍德·麦克（Fleetwood Mac）、史蒂夫·旺德（Stevie Wonder）、埃尔顿·约翰（Elton John）和比利·乔尔（Billy Joel）。

我们的卧室墙上贴着音乐专辑的海报，每人的床边都有一张大海报。哥哥的海报是吉米·亨德里克斯，海报中的亨德里克斯额头上缠着一条纱巾，正闭着眼睛在弹奏吉他。我床边贴的不是音乐海报，而是电影《大逃亡》（*The Great Escape*）中的史蒂夫·麦奎因（Steve McQueen）。他骑着一辆偷来的摩托车，身后的背景是监狱。这种视觉效果与我"逃离"现状和追求伟大梦想的动力相吻合。我很欣赏麦奎因这个角色，他总是以自己的方式做事，努力去打破现状，而且总是能找到办法，并把事情做好。

受到哥哥音乐品位的影响以及我自己对音乐的热爱，我搜集了大量的唱片和磁带。开车从长岛到康奈尔时，我制作了混音带在路上播放。我恳求兄弟会派对上的唱片播放员播放最好的音乐，让派对持续进行，让舞池充满激情。直到今天，我仍然喜欢探索新的音乐。

虽然 VH1 在寻求转型发展，但音乐仍然是频道的核心业务。音乐视频仍然在播放，只不过播放时间大多是在夜间和清晨。许多艺术家仍然在公司大厅和 MTV 进行即兴的原声表演。

最重要的是，娱乐业对我来说是全新的体验。是去做曾经做过的同样的事，还是做不同的事？面临这样的选择时，我总是偏向选择去做不同的事。我相信这样的选择促使我去创新和颠覆。因为我总想尝试全新的、不同的体验，所以我试图找到这些体验吸引我的原因。这促使我把创新的点子与当下的状况放在一起考虑，思考如何使这些想法与消费者相关，同时以意想不到的方式满足人们的需求。"相关却出人意料"是我的另一个信条。利用这种思维，我为软饮料和起酥油等产品创作了不少获奖广告。

VH1是一家由创新人才驱动的内容营销企业，我也是第一次在这样的企业任职。消费者选择花时间观看节目，因为节目对他们有吸引力。制片人和编剧是关键，他们制作节目内容来吸引消费者。像我这样的高管可以阅读剧本，审查节目的早期版本，在剧本空白处做出修改。如果创造性人才不存在，如果他们的才能不能得到释放，创作出的内容就不会很好。

对我来说，这是巨大的变化。在我过去担任的角色里，我是产品的关键驱动人员。我会制订出战略，推动计划向前发展。这一次却不太一样，我必须调整方法，用更具合作性和提示性的方法参与工作。

娱乐＆网络

我花了很长时间与节目制作人沟通，了解他们对内容的想法，了解他们如何将内容变为现实。此外，我还与创意团队合作，这个团队负责在节目之间及之后传递信息。正是这些创意信息（即插播广告）影响观众在节目结束后是继续关注 VH1 还是换台观看其他节目。我深刻地认识到了信息传递的方法的重要性。在未来任天堂公司的工作中，我非常关注如何向消费者传递信息，引导他们从一个游戏或事件过渡到下一个，确保我们可以始终抓住玩家的注意力。我们将创造全新的营销内容，把插播广告的创意提升到更高的水平。

除了重视招揽和留住创新人才以及学习如何与创作者合作之外，在 VH1 的工作还帮助我加深了对互联网的理解，我开始设想如何把游戏、娱乐和互联网结合在一起。在这个过程中，我有一位关键的合作伙伴：杰森·希斯霍恩（Jason Hirshhorn）。杰森是一个典型的纽约人，他伶牙俐齿，非常热爱音乐。在音乐领域，他曾创办了一家互联网公司，这家公司在 2000 年被 MTV 收购。在我进入公司的时候，杰森正在学习 MTV 公司的内部文化。我们一拍即合，花了不少时间讨论 VH1 的新兴网站。

当时，VH1 的网站只有一个很长的节目列表目录。节目信息就在那里，只有到了晚上才可以看到当天的节目标题。即使按照 2001 年的标准，这个网站也没有什么吸引力。网站没有"黏性"，消费者没有理由在网站上停留很长时间。杰森积极推动网站加入更多以音乐为导向的内容、流媒体视频，以及嵌入一个音乐播放器，这样网站的访问者会更多地参与进来。

我还在做另外一件事情：如何更好地让网站实现盈利。我们为VH1电视频道的节目拉取赞助，但是网站上的横幅广告基本上没有额外的价值。这是一个恶性循环：网站没有让访问者参与进来，所以整体流量很低；低流量意味着对广告商的价值很低；没有额外的广告或其他收入，用于网站升级的投资就很少。网站的用户体验仍然很糟糕，我们需要打破这个恶性循环。

我的想法是创造新的内容，增加用户的访问和参与。当杰森尝试使用音乐的时候，我却把游戏作为载体。

作为娱乐主管，同时也作为一名玩家，我知道消费者在游戏上花的时间越来越多。对VH1的目标观众来说，情况尤其如此，因为他们都是25岁至34岁的成年人。我想创造出新的游戏体验，让游戏出现在VH1的网站上，同时与节目联系起来，扩大在消费者中的影响，增加他们的参与度。我们将针对这些内容拉取赞助，增加频道的收入。

这个想法还有一个额外的好处。因为VH1没有员工有与游戏相关的经验，我可以自己推动这个想法。我挖掘资源，寻找有兴趣在VH1网站上创造内容的高质量开发人员。在这个过程中，我很幸运地发现了来自纽约北部一个叫替代愿景（Vicarious Visions）的小游戏工作室［后更名为"暴雪奥尔巴尼"（Blizzard Albany）］，找到了古哈·巴拉（Guha Bala）和卡蒂克·巴拉（Karthik Bala）两兄弟。

> **小贴士**
>
> 成功的创新是组织文化的一部分。无论担任什么样的角色，你都应该积极寻找在当前职责之外、可以为组织增加价值的方法。伟大的想法可以来自任何地方、任何人。把鼓励创新的行为作为领导角色的一部分。
>
> 这并不意味着你要追求、实践每一个新想法，但要测试那些看起来很有效的、只需要少量增量资源的想法。你要评估那些更宏大、更复杂的想法，以此来平衡收入潜力和执行成本。

巴拉兄弟和我一拍即合。他们从高中开始就一直在开发游戏，最近还在一个大型游戏开发者会议上获了奖。他们的游戏在挑战和乐趣之间找到了适当的平衡，能吸引玩家积极参与其中。他们两人意识到，为任天堂游戏少年（Game Boy，简称 GB）[①]等平台制作游戏的周期较长，他们也需要一些较小的项目，为两人的小工作室创造现金流。他们有一家高质量的游戏工作室，愿意接受新想法和新收入来源，符合我的标准。在任职任天堂期间，我和巴拉兄弟继续一起工作。

直到 2001 年 9 月 11 日，游戏项目一直在蓄势待发。

危机管理

在纽约，大多数媒体和娱乐界的高管会在上午 9 点至 10 点之间上班，但我是一个习惯早起的人，我得为自己从

[①] Game Boy 是任天堂于 1989 年发售的第 1 代便携式掌上游戏机。Game Boy 拥有 3 个改版机型，分别是小尺寸的游戏少年口袋版（Game Boy Pocket，简称 GBP）、加入背光功能的游戏少年光线版（Game Boy Light，简称 GBL）以及彩色的游戏少年色彩版（Game Boy Color，简称 GBC）。2001 年，任天堂又推出了第 2 代便携式掌上游戏机游戏少年高级版（Game Boy Advance，简称 GBA），其又有 2 个改版机型，即游戏少年高级特别版（Game Boy Advance SP，简称 GBA SP）和游戏少年微型版（Game Boy MICRO，简称 GBM）。

康涅狄格州的通勤留出时间。我通常会在早上 8 点左右到达 VH1 的时代广场办公室，如果有晨会的话，我会到得更早。

在那个星期二早上，我有一场晨会，所以我在 7 点半之前就到了办公室。我的办公室里有两台电视，这是媒体主管的标配。电视机通常处于静音状态。一台总是将频道设置为 VH1，这样我可以随时看到节目。此外我会根据一天中的不同时间段，让另一台电视轮流播放新闻、体育和其他节目。那天早上，我把第二台电视设置为播放新闻脱口秀节目《今日秀》(*The Today Show*)。

团队成员聚集在我的办公室等待着上午 9 点准时开会，当时《今日秀》正播放着从世贸中心（World Trade Center）建筑群的北塔传来火光和烟雾的画面。当时，大家猜测这是一起与小型通勤飞机有关的事故，我们继续开会。这时一名员工倒抽了一口气，指着我的肩膀目瞪口呆，那时我背对着电视。南塔也被击中了，我们调高了音量，看着电视节目。很明显，飞机是故意撞上第二座塔的。我告诉团队成员赶紧回办公室，收拾东西准备回家。

我的助理康妮（Connie）一般从皇后区通勤到公司办公室，她也是一个习惯早到的人。我让她联系了所有的预约人，取消了当天的预约。我又看了几分钟《今日秀》，大家纷纷猜测，有人认为这是一场意外，有人认为这是一场恐怖袭击。

我的大脑在飞速运转，康妮在办公室门口叫住了我，她的脸色已经苍白。"雷吉，大楼保安部打电话来了。他们需要和你谈谈。"

安保部门从来没有给主管打过电话。每个频道以及每项业务都有具体的人负责运作。如果出了问题，可以联系这些负责人。这就是为什么康妮会如此震惊。

在电话里，我了解到大楼的安保人员在为每个业务部门制订一份名单，并找到还在办公室的最高层管理人员。我就是他们要找的 VH1 频道的那个人。

"雷吉·菲尔斯·埃米先生，我们相信会有更多的袭击。我们的大楼是曼哈顿城中最高的建筑之一，我们可能是下一个袭击目标。我们正在疏散大楼，我们需要你与我们合作，VH1 频道所在的楼层需要清场。"

这让我从昏头昏脑中惊醒。在接下来的 90 分钟里，我从一个办公室到另一个办公室，告诉工作人员发生了什么事，催促他们离开。我上任仅 6 个月，对于一些大部门的工作人员，这只是我第二次或第三次跟他们交谈。我必须根据不同的情况，在同情心和坚定性之间取得平衡。有些员工不需要催促就能离开。对另一些在最后期限前赶工作的人来说，我需要用坚定的语气催促他们赶快离开。还有一些人，我不得不绕回来好几次，确保他们已经收拾好东西离开大楼。上午11点左右，我和大楼的保安最后一次巡视了楼层。送康妮回家后，我确认了VH1楼层的安全。此时，两座塔楼都已经倒塌了。我拿起包，准备离开办公室几天。没有人确定发生了什么。我们只知道，大楼关闭了，不清楚何时会重新开放。

我的下一个问题是怎么回到康涅狄格的家中。在恶劣的交通条件下，我需要乘坐中央车站的大都会北方铁路（Metro-North Railroad），通勤时间约为75分钟。我到了中央车站，那里一片混乱，到处都是警察，大厅里挤满了像我这样焦急的通勤者，大家都想早点回家。公共广播传来声音，火车站已经暂停服务，没有迹象表明何时可以恢复。我被困在了纽约市。

我对中央车站周围的环境了如指掌，我朝隔壁的君悦酒店（Grand Hyatt Hotel）走去。这里有一条内部通道连接着这两个地方，当时这块区域有个显示器，显示着离开中央车站的列车的发车时间和轨道号码。此外还有电视，一般会播放各种节目，现在都调到了新闻频道。在这里，我可以根据新闻预测情况，想出回家的办法。

非常幸运，在君悦酒店这个区域，我的手机仍然有信号。我联系上了一个经常去的修车店的老板。他告诉我，还有不少像我这样的客户也被困在了曼哈顿，大家都想回到康涅狄格州的家中。他问我是否介意与其他几位高管拼一辆车，而且路上可能会停好几次，因为其他人在我之前要下车回家。我对他说："没问题，能回家我就很开心了。"这个办法唯一的缺点是，我必须在这儿等上3个小时，此外由于交通混乱，车程也会延长。

刚挂断电话，我就看到显示屏幕有一条信息，说铁路服务将很快恢复。我匆匆赶回中央车站，打听到火车很快就会发车。每一列火车都会在各个车站停靠，通勤者可以搭乘火车回家。这可能会使乘火车的时间增加一个小时，但即使如此，我仍然可以在修车店老板接我之前就回到家中。

我很幸运地坐上了最早离开车站的一列火车。坐到座位上后，我告诉修车店老板不需要接我了。我终于有机会闭上眼睛，反思这混乱的一天。我意识到，我很幸运。我远离了这场灾难，我可以回家了。我睁开眼睛，看到车厢里有一个人，他独自坐着，从头到脚都是白色的灰尘。显然，他离灾难更近。在这场危机中，我专注于手头的工作，用清醒的头脑完成了任务，不断向前迈进。我没有惊慌失措，没有出现混乱的场面，我完成了任务，带着大家继续前进。

> **小贴士**
>
> 遗憾的是，不幸事件发生的频率似乎越来越高。领导者正扮演着"安慰人心"的角色，你需要帮助组织度过困难时期。真诚、同情以及一致的价值观是至关重要的。忽视这些不幸的时刻是错误的。在处理问题时要有原则。优柔寡断的反应会损害你和公司的声誉。

那一周剩余的时间发生了什么我记不清了。办公大楼关闭了好几天，但我们仍然需要完成工作。2001年秋天，媒体业务的发展并不健康。前一年互联网泡沫破灭后，经济仍在下滑。许多早期的科技公司曾是我们主要的广告客户，在世纪之交，他们是促进媒体公司发展的积极力量。随着这些科技公司在2000年末相继破产，他们的广告费用也没有了，这给媒体公司留下了巨大的收入漏洞。因此，在秋季，VH1和所有维亚康姆的子公司都计划裁员。

我们还需要经营频道的日常业务。在10月19日，VH1计划举办一场大型活动：VH1时尚奖。这个活动是公司主要的收入来源，因为它吸引了化妆品和时尚公司来拍广告，否则这些公司才不会在频道上花费这么多钱。

"9·11"事件也促使媒体和娱乐业帮助那些受到恐怖袭击影响的人。第一次节目在10天后播出，节目名为《美国：向英雄致敬》(*America: A Tribute to Heroes*)。这是一个有意义的活动，有知名音乐艺术家的表演，还有社会名流通过电话捐赠的资金支持。但是，这次活动并没有观众观看现场表演，因此给人黑暗和阴沉的感觉。

特殊状况

我的老板约翰·赛克斯有一个不同的想法。他设想在纽约市举行一场令人振奋的活动，既可以对城市精神致敬，也可以为直接受灾难影响的现场第一急救员（first responder）筹款。因此，除了 VH1 的常规工作外，我们与其他机构联合起来举办了纽约市慈善演唱会（The Concert for New York City）这个活动。

整个工作日白天，一直到晚上 7 点左右，我们都在处理 VH1 的常规工作；到晚上 9 点或 10 点左右，我们策划演唱会事宜。我们每天都会开团队会议。我们会与约翰以及来自麦迪逊广场花园光电视觉公司（Cablevision）、米拉麦克斯影业（Miramax）、时代华纳（Warner Media）、索尼音乐（Sony Music）等的同行召开行政会议，大概每周一到两次。这是一项艰巨的任务。我们就每一个细节都进行了直接而艰难的对话，包括表演者的阵容、主持人和活动期间放映的短片的制作者。"9·11"事件使我们的自尊心受挫，然后需要马上修复。我们在几周内完成了一个通常需要 6 个月策划的活动。

作为市场营销负责人，我其实没有预算。我所做的一切都基于资源交换的价值（你为我做这个，我可以为你做那个）和人脉关系的力量。我对媒体行业还很陌生，所以我经常在同一次会议上会见高管，要求他们提供帮助。我必须评估如何在获得我所需要的东西的同时，还能帮助他们实现目标。

我也不得不去解决知识匮乏和经验不足的问题。例如，我必须与一些国际知名媒体协调，这些媒体将在其国内市场举办音乐会，但当地禁止为慈善事业筹集资金。对于这些市场，我必须协调一个独特的节目卫星信号，删掉关于捐赠的滚动信息。我通过提出问题来解决问题，然后想出了即时的解决方案。

2001年10月20日，纽约市慈善演唱会正式开始。这场音乐会长达4个多小时，为直接受"9·11"恐怖袭击影响的人筹集了3500多万美元的救济金。

就在前一天，VH1还录制了2001年的时尚奖。

在短时间内连续策划活动，并且在24小时内同步正式举行，这是闻所未闻的。这使你专注于重要的事情，充满紧迫感、高效率地去解决问题。你学会了如何从大的战略转移到执行时的具体细节上。你向已有的关系寻求帮助和支持。你也在创造全新、持久的关系。

在这段时间里，我认识了现在的妻子斯泰西·桑纳

（Stacey Sanner）。

当我来到 VH1 的时候，斯泰西已经在频道工作 5 年多了。她是公共关系部的主管，向负责公共关系的高级副总裁，也就是我的同事汇报工作。斯泰西在音乐行业有多年的工作经验，曾在洛杉矶（Los Angeles）的不安唱片公司（Restless Records）和纽约的 A&M 唱片公司（Alpert & Moss）工作。她也是纽约市慈善演唱会在公共宣传方面的主要联络人。她和我一起参与策划会议。在音乐会演出的前几周，我邀请她共进晚餐。我把这次见面当成一次谈话，想请她帮让我了解频道，熟悉 MTV 的文化。我们在离办公室几个街区远的一家意大利小餐馆度过了一段美好的时光。我们谈论了工作，还有工作以外的一切。这远远不止是一顿饭，也是我们共同生活的开始。我当时并不知道，在几周后发生的大规模裁员中，她将成为公司的牺牲品之一。我们的恋情不再受到办公室同事的关注，这使这段关系得以继续。离开 VH1 之后，她将在媒体和娱乐业中担任一系列重要角色。最终她也跟随我来到了西雅图。

八 新的邀约

尽管在VH1的业绩不错，但我很难掌控频道的发展方向。我总是希望能推动我开展的业务不断向前进步。即使在宝洁和必胜客担任初级职务时，我也总是领导关键的转型项目，这些项目塑造了企业的未来。

我在VH1没有机会这样做，同样的角色由频道负责内容创作的主管担任。虽然我提出了自己对内容的看法，但我的角色更多的是去支持制作更好的节目。基本上，我负责吸引消费者观看节目的前几分钟，创作者和制片人负责创作剩余的内容，以吸引观众继续观看。

由于经济衰退和市场动荡，我为 VH1 提出的游戏计划被无限期搁置。广告商仍在严格控制预算，他们没有看到数字营销的价值。此外，MTV 网络公司开始裁员，我计划推行与收入增长无关的新举措成了泡影。

还有一个问题，我在 MTV 的上司约翰·赛克斯从频道离职，他晋升为无限广播公司（Infinity Broadcasting）的董事长兼首席执行官，负责运营 185 家广播电台，每周有超过 7000 万的听众。对约翰来说，这个新的角色责任重大，我祝愿他一切顺利。我很怀念他对我的悉心指导。

2003 年春天，我已经准备好做出改变。我开始研究一系列的公司和行业，寻找一个可以发挥技能和施展才华的新角色。

那年夏末，我接到任天堂的一名招聘人员的电话。他们正在为公司物色下一位销售和营销主管。

不再领先

当时的任天堂处于非常困难的境地。在此两年前，也就是2001年的圣诞季，微软（Microsoft）推出X盒子（Xbox），开始发展电子游戏业务。在同一时间，任天堂推出了家用游戏机任天堂游戏方块（Nintendo GameCube，简称任天堂GameCube、NGC或GC）[①]。但与前一年索尼（Sony）推出的游戏站2（PlayStation 2，简称PS2）相比，这两个游戏平台都黯然失色。平台上可用的游戏软件推动了硬件的销售。大型游戏开发商和发行商更想支持那些拥有庞大消费群体的游戏平台，他们与这些平台谈判以获得资金支持。

索尼的PlayStation 2有很多优势。

首先，索尼在前一代PlayStation（简称PS，或称PS1、PS-X）上取得了成功，为这个旧游戏平台制作的游戏在PlayStation 2上也能继续玩。这种向后兼容是家用游戏机行业的首创，它保证了PlayStation的用户可以很容易地去升级使用新设备。

第二，索尼使用基于光盘的技术作为游戏媒介。与

[①] 任天堂GameCube是任天堂于2001年推出的家用游戏机，为任天堂64的后续机种。

NES、SNES 和任天堂 64（Nintendo 64，简称 N64）[①] 的卡带相比，光盘的复制成本非常低。因为平台上的游戏为开发商带来了更多的利润，PlayStation 具有了成本优势。开发商因此产生了巨大的忠诚度，这往往导致优秀的、独立的发行商要么把游戏最先在索尼平台上发布，要么是让索尼平台独家代理。

第三，索尼正在把 DVD 技术引入电子消费领域，他们的 PlayStation 可以作为一个独立的 DVD 播放器使用。事实上，PlayStation 2 的成本与常见的 DVD 播放器相同或者更低。这为希望拥有家庭影院的消费者提供了玩游戏的机会。

当我接到第一个招聘电话，准备担任任天堂美国公司的销售和营销执行副总裁时，任天堂 GameCube 和微软 Xbox 的销售额都不到索尼 PlayStation 2 销售额的三分之一。任天堂在我家里也受到了冷落：虽然 SNES 和 N64 系统仍然连在我的电视上，但是新的游戏设备——索尼的 PlayStation 2 已经出现了。就在我接到招聘人员的电话之前，Xbox 也进入了我的客厅。我拥有目前所有的游戏设

---

① 任天堂 64 是任天堂于 1996 年推出的家用游戏机，是 SFC 的后续机种。

备,除了任天堂 GameCube。

我是当地游戏驿站(Game Stop)[①]、百思买(Best Buy)[②]和玩具反斗城(Toys "R" Us)[③]的常客,经常与其零售人员交谈。他们热情地谈论着 PlayStation 2,许多人也对 Xbox 的连接能力感到兴奋,尽管他们的独家游戏阵容要小得多。

当我问及任天堂 GameCube 时,他们说这款产品的仓库库存一直在不断增加——它们在商店里卖不出去,产品在供应链上卡住了。

当任天堂 GameCube 面临巨大挑战时,公司的另一款设备 Game Boy 主导了掌上游戏机市场。2001 年,任天堂推出了新一代机型:Game Boy Advance。任天堂充分利用了向后兼容的优势,使这款机型取得了巨大的成功。利用《超级马力欧》(*Super Mario*)系列和《塞尔达传说》

[①] 游戏驿站是一家来自美国的电子游戏、消费性电子产品与无线服务销售商。

[②] 百思买是一家来自美国的消费电子零售商。

[③] 玩具反斗城是美国一家跨国大型玩具连锁店,成立于 1948 年,总部位于纽约都会区内的新泽西州韦恩。其名字直接翻译的含义为"我们是玩具"(Toys are Us)。

（*Legend of Zelda*）系列等游戏的知识产权，任天堂大力发展掌上游戏机业务，在最初一代 Game Boy 游戏机生命周期的末尾，任天堂推出了《宝可梦》系列游戏。

一直以来，索尼十分羡慕任天堂在掌上游戏机领域取得的统治地位。20 世纪八九十年代，索尼曾凭借随身听（Walkman）主导了便携式电子产品市场，他们也渴望主导游戏市场。因此，在 2003 年的电子娱乐展览会（Electronic Entertainment Expo，简称 E3 或 E3 大展）[①]上，索尼宣布发行游戏站便携版（PlayStation Portable，简称 PSP），进军掌上游戏机市场。索尼公司仅仅公布了产品的名字，任天堂的股票价格就因这一消息而下降了 10% 以上。任天堂最赚钱的业务受到了冲击，尽管公司的这一业务占有绝对的市场份额。就是在这样的背景下，我开始与任天堂谈论我即将在公司担任的角色。

---

① 电子娱乐展览会创办于 1995 年，曾是全球规模最大、知名度最高的互动娱乐展示会，被誉为"电子娱乐界一年一度的奥林匹克盛会"。2023 年 12 月，美国娱乐软件协会（Entertainment Software Association，简称 ESA）宣布，E3 大展将永久停办。

如何抉择

我跟关系不错的领导以及同事谈论了这个工作机会,几乎所有人都劝我不要接受这份工作。

"那家公司在走下坡路。"

"为一家日本公司工作风险太高了。"

"在太平洋西北部工作,离你的家人和朋友太远了。"

"游戏业规模不大,公众接受度不高。"

他们的说法都有一定的道理,但我看到了一些不同之处。

作为消费者,我十分了解游戏行业。从初中开始,我就断断续续地玩电子游戏。科莱科公司和雅达利公司是如何吸引人们注意力的?是如何因为大量的糟糕游戏而失败的?对此我知道第一手信息。我也目睹了任天堂如何通过专注于创新和高质量的游戏为游戏业注入新的活力。在我家的客厅里,我看到了任天堂是如何在新一代游戏机的竞争中输给索尼和微软的。

我也了解并玩过任天堂出品的《超级马力欧》《宝可梦》《任天堂明星大乱斗》等系列游戏。我非常喜欢《塞尔达传说》系列游戏。我与孩子们分享对游戏的热爱，看着他们不断丰富自己的游戏体验，从中我想到，随着这个年龄段的孩子有了自己的收入，游戏行业将大幅增长。我还能想象到，未来这些孩子会与自己的孩子分享对游戏的热爱。我看到了一个有着光明前景的行业，前提是要把它管理好。

> **小贴士**
>
> 当下年轻的求职者面临着比以往任何时候都更紧迫而艰难的职业选择。做出正确的决定需要批判性思维和"直觉"。
>
> 做好调查研究。除了阅读公开的信息外，还要调查公司。试用公司的服务，与公司的客户交谈，给公司的优势和劣势打分。公司是否有能力取得长远的成功？你的技能是否与公司的需求相匹配？
>
> 同时你也需要运用直觉和经验来解决问题。作为产品或服务的消费者，你自身有什么样的体验？你对竞争对手的产品或服务又有什么样的体验？
>
> 此外，还要考虑到企业文化。你能融入其中吗？
>
> 一旦决定继续前进，你需要全身心投入，竭尽全力做到最好。

关于任天堂面临的关键问题以及我将如何解决这些问题，我做了数页的笔记。尽管朋友和领导提出了相反的建议，但我认为我可以帮助任天堂做出改变，我可以做到全力以赴。

一开始，我与招聘人员进行了一系列的视频会议。后来我了解到，这些会议都被记录了下来，在公司内部与任天堂美国公司的工作人员分享。基于这些材料，我被邀请去访问位于华盛顿州雷德蒙（Redmond）的任天堂美国公司总部。我花了很长时间与前任和现任高管会面，包括：彼得·梅因（Peter Main）——任天堂美国公司的第一个销售和营销执行副总裁；霍华德·林肯（Howard Lincoln）——任天堂美国公司的前任主席，离开后担任西雅图水手棒球俱乐部（the Seattle Mariners baseball club）的首席执行官，当时山内溥（Hiroshi Yamavchi）[①]和任天堂美国公司拥有该俱乐部的多数股权；君岛达己——当时是任天堂美国公司的总裁。

吃午饭时，我与任天堂美国公司的人力资源主管弗利

---

① 山内溥是山内房治郎的曾孙，自1949年起担任任天堂第3任全球总裁（社长）。他曾执掌任天堂长达52年之久，创立了红白机的时代辉煌。

普·莫仕（Flip Morse）进行了一次非常热烈的交谈，但是我们的交谈因为几个意见相左的观点差点儿中断。我问了弗利普几个关于员工发展和职业培训的问题。"雷吉，在这里我们不怎么做这些事情。我们是一家日本公司的子公司。他们不相信'人力'等东西。"

"哇，弗利普，"我说道，"我的观点截然不同。我相信优化组织和投资人力是非常重要的。如果没有一个乐于学习新技能的强大组织，我们就很难迎接新的挑战。"

我们谈了很久，这引起了我极大的担忧。在我职业生涯所处的这个阶段，我知道组织成功的唯一途径是在每个层面都有强有力的员工，仅有一个强有力的高层领导是远远不够的。我还知道，你需要花时间与员工一起培训、一起进步，指导他们取得更优异的业绩。每个领导者都需要投资人力。

在与霍华德·林肯后续的谈话中，我的担忧有所缓解。"雷吉，任天堂美国公司强有力的领导人当然对员工投入了时间和精力。我一直都是这样做的。事实上，销售和营销的执行副总裁是任天堂美国公司最重要的岗位之一。你将拥有宽松的自由度。你所做的一切将受到整个公司的关注。

如果在公司里你实施了培训团队的措施,这些措施会流行起来,整个公司都会跟着你一起做。"

提出要求

我的工作机会再一次受到了威胁。经过我的调查以及对招聘流程的了解,我清楚地知道我需要与在京都的任天堂公司日本总部的管理人员建立强有力的工作关系。其中最重要的关系是与岩田先生的关系——2002年5月,岩田先生成为任天堂公司全球总裁。我要求与他进行一次视频会议。

几年后我发现,这个要求在任天堂公司日本总部和任天堂美国公司引起了巨大的争议。"他以为他是谁?这种要求是闻所未闻的!比起与雷吉会面,我们的全球总裁有更重要的事情要做!"随着我对任天堂文化的逐渐了解,现在回想起来,我可以理解我的请求是不合规矩的,甚至可能是十分傲慢的。

不过,为了有效地领导销售和营销部门完成职能,我需要了解公司的发展方向,并对公司的领导层抱有信心。自私地讲，我还需要确保我在任天堂公司能获得成功。任天堂公司正面临着严峻挑战，而我在挑战一个高风险的角色。

我与岩田先生预约了30分钟的视频会议，但会议的实际时间远远超过了预定的时间。我本来以为房间里会有一名翻译，但其实只有岩田先生一个人。这使会议期间我们的交谈更加顺畅，关系也变得更加亲密，因为他控制着摄像头，他把画面放大，让我觉得他就在我的桌子对面，就像面对面交谈一般。他问他应该怎么称呼我。"岩田先生，请叫我雷吉吧。"

"岩田先生，你如何看待索尼和微软的设备呢？"

"雷吉，虽然我们需要理解其他公司，但任天堂要采取独特的方法。我们要创造全新的游戏体验，我们创造的游戏是独一无二的。"我们详细谈论了任天堂过去给市场带来的创新，如十字键（D-Pad）[①]、3D视觉效果、游戏手柄中的振动反馈和四人游戏。在我家的任天堂游戏机系统上，我体验过这些功能。

---

① 十字键也称方向键，是通常用拇指操作、控制4个方向移动的扁平十字形按键，最早见于任天堂在1982年推出《大金刚》（*Donkey Kong*）的便携式游戏机游戏手表（Game & Watch）的操控界面上，发明人为横井军平（Yokoi Gunpei）。

"我去过很多次零售商店。店员告诉我，店里有很多任天堂 GameCube 游戏机的库存，现在必须做一些事情来刺激销量。"

他说道："雷吉，在未来几周，我们有刺激销量的方案。我们知道，目前在初秋时节激发销售十分重要，我们不能干等圣诞季的到来。"他对我说，他们正准备宣布降价以刺激销售，而且公司已经在努力开发任天堂 GameCube 的下一代机型。

最后，我问他如何看待索尼的 PlayStation 进入掌上游戏领域。"岩田先生，任天堂将如何参与竞争并解除公司面临的威胁？"

"雷吉，"他说道，"接受这份工作，到京都来。我会向你展示我们如何继续创新。"

在这次友好的视频对话之后，我被说服了。我相信我可以与岩田先生一起工作，我支持他富有远见的领导。我知道我可以运用学到的技能，帮助任天堂美国公司转型成为一家世界级的公司。

小贴士

这听起来有悖常理,但是当你在应聘某一职位时,这是提出棘手问题的最佳时机。公司是喜欢你的,如果他们不喜欢你,你就不会走到招聘过程的后期阶段。在这一基础上,要确保公司和岗位是适合你的。你要提出有深度的问题,衡量你收到的答案。看看高级领导的回答是否一致,由此你可以知道管理层是否在同一起跑线上。要保持尊重,但也要积极推动。

九 京都工匠

加入任天堂公司后,我总结了自己在先前行业和商业环境中积累了20多年的经验,着手应对眼前的挑战。

我迅速安排了对销售和营销部门详细的业务审查。我的目的有两个:从新团队中的专家那里了解业务,同时与员工接触,保持联系。我要求各部门主管带着团队的全部成员参加业务审查,我们围着桌子介绍情况。我总是最后一个发言的人,我在向大家传达一条信息:我把他们放在第一位,我想向每一位团队成员学习。

玩家 & 老板

于是发生了一些有趣的事情。在与运营《任天堂力量》杂志的团队进行业务审查时，我问了主管一个问题。"1993 年，我曾寄来一张儿子在 SNES 上打完《街头霸王》(Street Fighter)①后的照片，当时他只有 3 岁。为什么《任天堂力量》没有发表这张照片？为什么没有给我们寄一封信来庆祝这一成就？"

这是真实的故事。这款游戏有点像"按键粉碎器"（button-masher）的感觉，意思是只要你不停按键，游戏里的角色就会不停战斗，你就可以打败对手取得胜利。如果你输了，你可以再次与角色战斗，不会失去任何东西。只要你最终击败了对手，你就可以选择下一位战士。因此，只要你持续按动按键，拿下这个游戏只是时间问题。不过，当时我 3 岁的儿子通关了这款电子游戏，我为他感到骄傲，忍不住要吹捧一下这个成就。

---

① 《街头霸王》是日本卡普空公司（CAPCOM）发行的格斗类单机游戏系列，最初于 1987 年以街机游戏形式推出，后续又陆续推出了多个游戏版本以及衍生动画、电影等。

面对《任天堂力量》杂志团队，我提出了这个问题，想以此告诉他们，作为一名游戏玩家，我与任天堂有过这么一段故事。我还想传达的是，我并不是爱生气的专横之人。有人曾告诉我，当我集中精力时，我的眉头会紧皱，眼睛会凝视前方，脸上经常出现细小的皱纹，看起来就像要把人撕碎一样。

在与《任天堂力量》杂志团队沟通的会议上，我试图通过讲述儿子的故事来使自己的形象显得人性化，但结果并不理想。我是一名新来的、不知名的大领导，却问了一个很直接的问题。

部门主管结巴了一会儿，然后说道："雷吉，我不知道为什么我们没有公布照片。等我去查查档案，去了解一下发生了什么，看看是谁做的决定。"

"不，不，不，"我说道，"不要这样做。我只是开玩笑。我们都在娱乐行业工作，我只是想让这里的氛围变得轻松一点儿。你只要知道我曾经与公司的游戏有过这么一段故事，同时明白我的幽默就好。"随后消息传播开来，大家都觉得新领导了解游戏，还是个好相处的人。我的任务终于完成了。

> **小贴士**
>
> 作为一个领导,你要平易近人,要有"人情味"。你得让团队知道,你把大家和公司的利益放在心上。他们需要感受到你的支持。作为回报,你也需要他们的支持。你要相信,为了支持你,团队有时会突破障碍,不惜一切代价,出色地执行任务。
>
> 这并不是要求你与员工成为最好的朋友,但是你得带着同情心和热忱,以及带着目标带领大家前进。

建立关系

在工作的一开始,我还特意联系了全部同事。我与大家都见了面,包括来自财务、互联网技术、商业事务、商业许可、运营和产品开发方面的主管。运营和产品开发是我关注的重点领域,因为我们需要推出一系列新的销售方案,重新获得发展动力,我必须与这些职能部门一起制订方案。

> **小贴士**
>
> 无论你是一名刚刚被聘用的大学毕业生，还是一位受命管理公司的资深专家，你都要发现并理解复杂的关系网和特定的事情。谁能成为你的关键合作伙伴？项目的哪个环节被卡住了？哪里有机会获得新的想法和新的方案？你需要时刻关注这些问题。在这些关系上投入时间，提出开放式的问题。搜集信息，然后制订计划，马上与这些关键成员建立联系。

运营部门由唐·詹姆斯（Don James）领导。唐很早就到任天堂美国公司工作，他是公司聘用的第3位或者第4位员工，具体第几位取决于你问谁。这么看来，他已经为公司工作了20多年，而且他与京都的任天堂开发人员保持着深刻的关系。唐见证了任天堂从街机游戏研发商（制造商）到主机游戏①研发商（制造商）的转变。他清楚任

---

① 主机游戏（console game）、电脑游戏（computer game）、街机游戏（arcade game）、手机游戏（mobile game）等都属于电子游戏（video game）的主要形式。其中，主机游戏也叫电视游戏，可分为掌机游戏（handheld game）和家用机游戏（home video game）。相比于街机游戏和电脑游戏而言，主机游戏通过电子游戏机生成可操作的图像（且常配有音效）并以电视机等音视频系统输出。用户一般通过手持式控制器连接游戏机来操控游戏。控制器上一般有数个按键及方向控制元件（比如类比摇杆），各按键有特定的功能，可以用来控制屏幕上的图像。

天堂的所有成功和失败的案例。因为在公司待的时间比较长，唐在公司的许多部门都任职过，包括游戏开发、游戏测试、制造和物流等部门。当我加入公司时，他负责管理任天堂美国公司的整个供应链，从产品离开亚洲到抵达零售商装货码头的全过程都由他负责。

在任天堂内部，唐还扮演着一个非常特殊的角色。他是策划 E3 大展的大师级人物，这是世界上最重要的游戏贸易展。电子游戏版块原先是国际消费类电子产品展览会（International Consumer Electronics Show，简称 CES）[①]的一个次要部分，后来专门的电子游戏贸易展得以创建，唐在其中发挥了关键作用。唐与日本的开发商合作，弄清楚要在这个年度盛会上展示的新游戏设备和新游戏内容后，他帮助解决复杂的技术问题，向 E3 大展的 5 万多名参会者展示公司的创新成果。

鉴于唐的角色是运营主管及策划 E3 大展的实际负责人，我知道他将成为我关键的合作伙伴。幸运的是，我们一拍即合。我们对水肺潜水和直言不讳的交谈有着共同的

---

① 国际消费类电子产品展览会创办于 1967 年，每年 1 月于美国拉斯维加斯（Las Vegas）举行，吸引着来自世界各地的业界人士参加。

热情。但是我很快就知道，我们有一点明显的区别：我是一个习惯看到"半满玻璃杯"的乐观人士，总是在寻找机会；唐则恰恰相反，他是一个习惯看到"半空玻璃杯"的悲观人士，在每一种情况下都能看到失败的因素。当我们讨论新的想法或规划E3大展时，他最喜欢的话总是："我们注定要失败。"我花了一点时间才意识到，这句话背后的含义其实是："是的，这可能很困难，但我可以完成任务。"

产品研发是由迈克·福田学（Mike Fukuda）领导的。严格来说，作为一名日本人，迈克曾是任天堂公司日本总部的雇员。但他已经在美国工作了超过25年，加入任天堂之前，他也曾在别的公司工作过。迈克是一名高级副总裁，表面上比我的职位底，因为我是执行副总裁。但至关重要的是，迈克和我必须有效合作。他直接与任天堂公司日本总部的高管和游戏开发者对接。他了解我需要知道的内部信息：游戏开发时间表、开发延迟的可能性以及游戏内容的整体质量。我需要从迈克那里得到清清楚楚的事实，我的唯一途径是取得他的信任，让他愿意提供这些敏感信息。

面对信息不足的局面，我开始了工作。不幸的是，销售和市场部的成员在过去没有对敏感信息进行保密处理的经验和意识，所以迈克不愿意分享。迈克也不喜欢广告的方向和制作过程。我需要赢得迈克的支持。

我对迈克采取了多管齐下的方法，对他动之以情、晓之以理。首先，我每两周与他开一次会议，借此了解任天堂过去的商业措施和商业文化。但在这些会议上，我们也会讨论对未来产品的规划。我做了一个重要的决定：这些会议在他的办公室举行，而不是在我的办公室。我想让他知道，我把他看作同事，尽管他的职级比我低。我希望整个公司成员都能看到，我亲自前往他的办公室，而不是在别的地方开会。这种象征性的姿态在任天堂美国公司的文化中很有分量。

流程 & 成果

我们关注的重点是广告开发的流程。广告开发是大多数组织的痛点之一。战略和技术因素都可以促使伟大广告的出现。广告也是一种艺术，当听到一句奇妙的口号或看到一条富有创意的视频时,你会有眼前一亮的感觉。每个人对新的广告总是有一定的看法。伟大的广告有很多疼爱的长辈,糟糕的广告是没人管的孤儿。

由于以前遇到过这个问题,我为任天堂公司如何拍摄广告想出了一个分步骤实施的流程图,以此来解决迈克和我的部门之间存在的历史问题。最早在宝洁公司工作的时候,我就知道,引人注目的广告一定可以增加产品销量。广告开发的每一步都需要明确责任。谁负责提建议?谁拥有批准权?谁会收到咨询?需要通知谁来获得批准?创建这个 RACI 模型①是有争议的。这听起来可能会非常无聊,但纪律是有效营销的关键。

营销人员和广告部门希望把握营销的每一步,在这一过程中不与任何人协商。这往往会导致广告要么偏离战略,要么没有效果。产品研发部等部门也希望能收到咨询。但是这样整个过程就变得十分耗时,因为需要征求那些既没有受过训练也没有广告研发经验的人的意见。

---

① RACI 模型是一种用于专案管理或组织改造的工具。其中,R 指 Responsible(谁执行),A 指 Accountable(谁负责),C 指 Consulted(咨询谁),I 指 Informed(告知谁)。

我确保迈克和我的团队成员在广告开发过程中发挥关键作用。例如，他们负责产品简介的相关内容，这样营销人员和广告部门可以充分了解产品，让游戏和设备变得更加引人注目。

有一些步骤是我需要完全掌握的，例如批准广告策略、批准最终的建议、批准最终完成的广告。这些关键步骤中的每一步都需要明确果断的头脑，委员会批准在这里是行不通的。因此需要有人推动这项工作，最终产生卓越的结果。我明确表示，我就是那个担任执行副总裁的人。

起初，效果并不令人满意。在我的团队里，有成员认为，作为广告总监或营销高级副总裁，他们需要掌握这些步骤。迈克和产品研发团队的成员也不太同意这个流程。我的各位执行副总裁同事也觉得他们需要在最终决定中发挥作用。

不，我明确表示，拍出真正的世界级广告的唯一途径是拥有一套透明与协作的流程，但最后只有一个人可以决定关键战略、决定如何向前发展以及决定最终的执行方案。

> **小贴士**
>
> 　　公司领导者的最终目标是推动公司收入增长。向客户提供差异化的产品是实现这一目标的关键。
>
> 　　交付：沟通一下你的产品是什么。无论它是实物产品，一项服务，还是一种情感慰藉，你都要以一种令人信服的方式来描述它，落实产品可以带来的好处。雾件（Vaporware）①是无法长期存在的。
>
> 　　差异化：从竞争中脱颖而出。最好是以一种积极正当的方式！
>
> 　　客户：要比其他任何人都更了解客户。这样你就可以发现客户未被满足的需求，专注产品的研发工作。

　　利用这个流程，我们从 2004 年的 Game Boy Advance SP 开始，一直到 2019 年我退休时的 Switch，为任天堂公司的产品创造了世界级的广告。作为总裁，我放弃了所有

---

① 雾件是指由开发者在产品开发期间或之前公布消息，但最后可能并不会发布的产品，多数是软件。20 世纪 70 年代末至 80 年代初，软件商们喜欢用自己搭配的名词然后在后面加上"ware"来形容他们的软件，该词起源于当时杂志评论员们对此现象的引申和恶搞。"vapor"在英语里有蒸气、无实质之物的意思。当时的软件开发进度经常落后于支持它的系统的硬件开发，一些电脑厂商为了促销硬件和激活其他软件商在该平台开发软件的热情，会在广告上夸张地宣扬该硬件所附带的软件包，但事实是这些软件很可能并未完成，甚至才刚刚开工。

的批准权，只留下了其中一个：任天堂美国公司研发的广告是否可以播出，决定权在我手上。这保证了我在广告开发过程中能发挥积极作用，我能有最终的决定权，阻止不良广告的播出。

最后，我邀请迈克参与销售规划的流程。在这个流程中，我们负责为公司主要零售商制订具体的计划。任天堂的方法是为所有的零售商提供一个基本的计划清单，此外是零售商特有的销售计划。根据零售商销售任天堂产品的收入，公司对他们进行资助。这使得我们对零售商保持公平公正，但同时奖励那些与我们一起成长的零售商。

根据以往的经验，这是在销售组织内管理的流程，并没有什么监督。我有一个根本不同的方法。我想邀请大家共同讨论这些计划，确保我们的想法对业务有更积极的影响。我想摆脱纯粹与价格相关的计划，因为我觉得这对我们的品牌和零售商的股权价值有负面影响。

我的方法是从加强营销主管的参与力度开始的。在我之前，营销人员对销售活动几乎没有影响，尽管这两个职能部门都向同一个老板汇报。

接下来，我邀请迈克参加。部分原因是为了让他了解我们面临的销售方面的挑战。我也想了解他对新产品和新方法的想法，对任何需要任天堂公司日本总部批准的激进想法，我也想争取他的支持。在需要的时候，我们会让唐参与，获得供应链方面的支持。

利用这种方法，我们创建了一个新计划，让零售商有机会向消费者推广独特的物品，比如定制他们自己独特色彩的 Game Boy Advance 或独特的任天堂 GameCube 硬件和游戏捆绑销售方案。这些计划对组织和企业来说都是短期的胜利。在组织上，我们打破了公司内部的沟通障碍，加强了团队合作的文化。随着这些计划在市场上获得良好表现，公司业务也得到了稳定。我慢慢建立起了作为领导者而不仅仅是一名销售和营销主管的声誉。

> **小贴士**
>
> 　　强大的领导者可以在个人决策与团队协作之间取得平衡，但有些决定只应由领导者做出。即便如此，团队协作和建立共识也是重要的步骤。随着组织的变化，领导者要不断评估这种平衡。例如，随着新员工的到位，领导者可能需要做出更多的决定。但是更有经验的团队在更高级别的讨论及协作下会运作得最好。

近朱者赤

正是在这段时间，我第一次去了任天堂公司日本总部，这也是我第一次去京都。那是 2004 年 1 月，我在任天堂美国公司的工作刚刚进行了 8 周。我在京都待了一个星期，与任天堂总部的主要管理人员进行了单独会谈，还参加了一系列全球领导会议。正是在这段时间，我第一次面对面见到了岩田先生。在这一周里，我们花了几个小时一起讨论当前的业务和任天堂的未来。

在最初的几天里，大家还为我即将参加的第一次 E3 大展进行了早期规划。唐安排了一系列与主要创作者见面的会议，审查要发布的游戏，讨论他们为 5 月（就在 4 个月之后）举办的贸易展准备的材料。其中一次会议是审查任天堂的下一代手持游戏机的原型。那时，这款游戏机还没有统一的、为消费者所熟悉的名称。

我走进房间，看到原型机摆放在一个大而平的母板上，芯片和焊接部位都暴露在外，中间是系统所带的两块明显的屏幕。当我了解到它的触摸和语音功能时，我感觉自己好像被插入了主板:这款机器的无限潜力犹如电击般击穿了我。此时,大家都十分兴奋,我脖子上的汗毛都竖了起来。原型机功能齐全,开发者向我们展示了各种不同的游戏。这个原型机就是任天堂 DS(Nintendo Dual Screen,简称 NDS)[①],在这款系统的产品销售周期内,它的全球销量超过 1.5 亿台。

在这个房间里,只有唐和我不是日本人。我们通过交替翻译的方式得到信息:有译员将日语翻译为英语,我们用英语提出的任何意见也都被翻译成日语。这使会议时间拉得很长。随着时间的推移,我慢慢习惯了翻译的过程。我们详细讨论了这款系统的触摸屏,讨论如何让新的游戏形式成为可能。当时触摸屏还不是消费类电子产品的主流,因为这远在苹果手机(iPhone)出现之前。当时只有掌上电脑(Personal Digital Assistant,简称 PDA)[②]使用触摸屏,而这些都是高价产品,并不占据市场的

---

① 任天堂 DS 是任天堂于 2004 年发售的第 3 代便携式掌上游戏机。其主要特征包括双屏幕显示(其中下方的屏幕为触摸屏),以及配有麦克风声音输入装置和无线网络功能。

② 掌上电脑是一种像手机一样大小却拥有电脑等级硬件的移动电子设备,曾于 1991—2010 年广泛流行于欧美和日本市场,后因智能手机和平板电脑的出现导致迅速衰退。

主流。

作为任天堂最大的子公司中负责销售和开拓市场的新任高级管理人员,虽然我还是业务新手,但大家都想听听我的意见。我开门见山地说道:"触摸屏将是我们产品的一个特色。"接着我看到工作人员打开门,让一个刚刚到来的人参与我们的秘密会议。我继续说道:"我们需要在与消费者的沟通中突出这一点。哪些游戏能最好地利用触摸屏?"开发团队继续描述着《银河战士》(*Metroid*)[①]系列游戏的新体验和一款新的马力欧游戏。但是大家对正在开发的一款使用触摸屏的游戏最为兴奋:在这款游戏中,你可以使用触摸屏和内置麦克风与一只虚拟小狗互动。我说:"我们需要充分发挥触摸屏的作用。我们需要将此作为 E3 大展上传递的关键信息,为任天堂开发者创造的全新游戏体验描绘出新的愿景。"

我的这句话被翻译成日语后,有个人挤进了大家围绕任天堂 DS 原型机旁的圈子。他就是宫本茂:《超级马力欧》《大金刚》《塞尔达传说》等一系列传奇经典游戏的创造

---

① 《银河战士》是任天堂推出的科幻动作冒险电子游戏系列,发行于 1986 年。

者。他晚到了一会儿,但在我提出关于触摸屏的问题和意见时,他一直在场。我的膝盖开始微微颤抖。

"他说得没错,"宫本茂先生用日语说道,"触摸屏会成为我们下一个关注的焦点。而且,为了在 E3 大展上进行展示,我们需要在游戏体验上下功夫,展示出我们如何利用新设备的功能,为消费者创造全新的游戏和体验。"

这句话翻译完后,他继续问道:"顺便问一下,你是谁?"

以上就是我对宫本茂先生最初的印象。

这也是我提倡京都工匠精神这一概念的开始。从内部来看,这描述了任天堂公司内部一切工作的精确性和对细节的重视。开发人员的工匠精神是显而易见的,因为在历史上的任何顶级游戏列表中,任天堂的游戏都占主导地位。但这也反映出任天堂公司业务的各个方面都十分关注细节。

任天堂与工匠精神之间的联系可以追溯到明治时期之前,那时京都是日本的首都。即使在 1868 年左右迁都东京时,日本的天皇和高级领主也会回到京都购买精美的亚麻布、玻璃制品、清酒和其他商品。京都创造者以其产品的独特性、无可比拟的质量和自豪感而著称于世。

任天堂的创始人山内房治郎创造了花札（hana fuda）[①]牌，以规避政府对赌博的禁令。由于这些牌非常美丽，它们至今仍很受欢迎，仍在销售。

现在，世界各地的玩家每天也能在任天堂的游戏中体会到这种卓越。

[①] 花札亦称花牌、花斗、花歌留多、画图，为日本纸牌游戏歌留多的一种，是源于日本的传统纸牌游戏，于朝鲜王朝后期传到朝鲜半岛。任天堂在跨入电子游戏产业之前便是靠制造花札起家。

踢爆对手

这时的我已经见过任天堂 DS 的原型机，了解了许多早期游戏的设计理念，是时候专心准备 E3 大展了。

我花了不少时间观看 2002 年和 2003 年的 E3 大展，仔细分析演讲者传递出来的信息。不仅如此，在回看了当时的新闻剪辑和粉丝参与环节后，我发现有许多可以改进的地方。

E3 大展是一场大型活动。在活动期间，整个电子游戏行业会聚集一堂一周之久。实物展示会吸引数千名好奇的新闻记者到场报道，同时全球数百万狂热粉丝也会观看直播展示。

公司和开发者的名声将处在风口浪尖上，媒体的判断会影响公司的股票价格，甚至影响零售商对新产品的支持程度。在 E3 大展上的展示需要极其完美，但是仔细回看前两年的录像后，我发现其中的环节并非完美，甚至有很大的欠缺。

我发现 E3 大展上的展示最大的问题在于缺乏自上而下统一的信息传递：我们希望观众在离开时得到什么？我们的目的是什么？游戏和关键事实是如何支持这些信息的？

正确展示

我把整个 E3 大展上的展示过程当作故事预先演绎了一番。现在我想带领观众踏上这段奇妙的旅程。你会激动地开始，然后更加激动地结束。在展示的过程中，并不是每个部分都令观众感兴趣，主持人一般会提前知道哪些部分观众不感兴趣。成功的展示可以通过调整节奏来处理这些无聊的部分，重新吸引观众的注意力，让他们渴望获取更多信息。

在看完以前的展示后,我曾询问相关人士,想知道他们为什么会做出特定的决定。比如为什么 2003 年的展示要从回顾枯燥乏味的事实和数据开始,而不直接展示给观众他们想要看到的新游戏?为什么要展示 23 年前的《吃豆人》(*Pac-Man*)游戏[①]?在 2002 年的展示中,许多展示者携带稿子上台,这么做显然无法让观众相信他们对自己的产品十分熟悉。

在准备过程中,我联系了一位关键的合作伙伴——唐·瓦里尤(Don Varyu),他不仅在筹办 E3 大展时与我合作,还是我在任天堂公司整个工作期间的伙伴。瓦里尤是我们高诚公关公司(Golin)的高级主管,他的职业生涯起步于新闻行业,所以他能很好地找到讲故事的角度,运用掌握的信息来让故事变得活灵活现。

在我认识瓦里尤之前,他已经与任天堂合作 10 多年了,所以他对游戏行业以及任天堂运作的了解不亚于公司内部的任何人。从早期研发任天堂娱乐系统,到与世嘉公司(SEGA Corporation)的产品以及索尼 PlayStation 的主机

---

① 《吃豆人》是一款由日本南梦宫公司(Namco Limited)制作的街机游戏,缺了一角的薄饼是岩谷彻(Toru Iwatani)创作此游戏的灵感来源。

大战①，瓦里尤先生都有亲身参与，更重要的是，他和我一样期盼着任天堂有朝一日东山再起。

瓦里尤先生和我定期见面，跟从前一样，他以一个记者的身份采访我。他这么做的目的是想要了解我，明白我的动机，更重要的是倾听我的心声。他并没有从我的早年经历问起，而是专注当下。

"雷吉，你为什么要来任天堂？"

我向他解释道，曾经作为玩家时，我就和这家公司结下了不解之缘，我也了解任天堂公司的全系列游戏，其中包括我最爱的塞尔达传说。我不仅是一位被雇用来为公司出谋划策扭转局面的员工，我对任天堂以及游戏行业也充满了热情。

然后我们详细地讨论了我的竞争优势，谈论我是如何通过积极的改变来在各个方面都取得"胜利"的。我们聊到了体育，谈及了早年我是如何通过运动来激发自己的竞争力。随后瓦里尤先生和我分享说，他非常喜欢棒球运动，在大学时期甚至达到了棒球专业运动员的水平。最后他称赞了我强硬、直接的做事方式，称赞我来任天堂工

---

① 任天堂、索尼、世嘉、微软曾并称为"四大家用游戏机制造商"。

作的原因：一方面通过吸引那些希望回到辉煌年代的老粉丝，重塑任天堂；另一方面利用我们引人注目的游戏内容，吸引新的粉丝。经过这些讨论后，我们之间建立了十分独特的联系，对彼此充满了信任。

> **小贴士**
>
> 招募那些可以提出棘手问题的顾问，他可以把你推出舒适区。一般的下属通常想给上级留下好印象，所以很少有人会反驳你的意见。但是公司外部的朋友常常会告诉你事情的真相，而不仅仅告诉你想要的答案。这是一个关键的角度。所以培养那些头脑坚定、有信心可以挑战你的想法的员工和顾问是十分重要的。

我感到非常自在，因为可以和瓦里尤先生分享所有的想法，分享我所掌握的正在开发的新产品的关键信息。这其实是违背协议的。在过去，新产品的信息需要严格保密，但是我得到了福田学先生和岩田先生的支持，为了高效地制订计划、有效地传达信息，我可以提前与相关人员取得联系，恰好唐·瓦里尤就在这些人员的名单中。

著名开头

距离 2004 年 E3 大展开幕还有 3 个月，唐和我一起为活动设计整体的信息传递流程：上午举办新闻发布会，中午的后半段时间为零售商举办新品演示会和招待活动。我们有许多重要的游戏要与大家分享，比如《银河战士 Prime》（*Metroid Prime*）[①]、《星际火狐》（*Star Fox*）[②]和《纸片马力欧》（*Paper Mario*）[③]等新游戏，我们的合作伙伴也有同样重要的信息要与观众分享，例如卡普空公司发布的《生化危机 4》（*Resident Evil 4*）[④]和《杀手 7》（*Killer 7*）[⑤]。

---

① 《银河战士 Prime》是一款于 2002 年 11 月发行在任天堂 GameCube 的游戏。《银河战士 Prime》是《银河战士》系列的第 5 部主要游戏，也是首部采用 3D 的游戏。

② 《星际火狐》是一款由南梦宫开发并由任天堂发行的飞行射击系列游戏，初代诞生于 1993 年。该系列共有 5 款作品和 1 款移植作品。

③ 《纸片马力欧》是一款由智能系统（Intelligent Systems）制作并发行于任天堂 64 的角色扮演类游戏。

④ 《生化危机 4》是一款由卡普空开发并发行的电子游戏，最早为任天堂 GameCube 平台作品，后被移植至 PlayStation 2、Wii 及微软视窗操作系统（Windows）上。

⑤ 《杀手 7》是一款由卡普空开发并发行于任天堂 GameCube 和 PlayStation 2 的动作冒险游戏。

不仅如此，因为我们的产品开发团队树屋（Treehouse）正在与京都的开发员共同开发《塞尔达传说》系列新游戏，我还看到了这个游戏的绝密预告片。此外，我们还安排了任天堂 DS 的发布仪式。

通过观看过去的新闻发布会，我明白了其中的优势与劣势。我们为 E3 大展的每个阶段都策划了主题，将活动的重点放在游戏上，因为这是任天堂最引人注目的领域。我们也由此提高了竞争力，通过与其他游戏主机制造商正面交锋，展现出任天堂游戏的可玩性。

作为新的销售和市场执行副总裁，我迎来了我职业生涯中第一个重要的演讲。

唐先生给我设计了开场白："我的名字叫雷吉，我会踢爆对手、扬名立万！我靠的是开发游戏！"那时我并不知道，这个开场白会成为玩家的流行口号，会成为 E3 大展上的经典时刻。后来我才明白，这句话实际上抓住了任天堂游戏的特点：积极进取的心态和永不服输的态度。这预示着我们与任天堂 DS 即将踏上创新之路，同时也标志着任天堂开启了新的篇章。

我非常喜欢这几句话，但我还是选择仔细考查后迟一些再说这些话。我的工作是扮演"魔鬼的代言人"(devil's advocate)①，因为我深知这些话会受到京都高管的挑战。我们都一致认为任天堂应该更加积极一些，我也知道我们有众多的产品来支持这种论调。但是这些信息显然是为了迎合日本以外的媒体和玩家，我们现在要做的是说服岩田先生，让他相信这些信息适合全球游戏玩家，这其中也包括日本玩家。我需要获得他的支持。虽然之前我通过电子邮件向岩田先生推销过这些想法，但是在即将举办的大会上进行面对面交流才是关键，我也许可以通过这种方式来说服他。

皆川恭广（Yasuhiro Minagawa）先生和岩田先生一起前往位于雷德蒙的任天堂美国公司，他是岩田先生的翻译和公关事务上的负责人。在我第一次去京都的时候，我就认识他了。他可以说一口十分流利的英文，曾担任霍华德·林肯的私人翻译，参加了与任天堂前总裁及创始人山内溥先生的商务会谈。那时，他与霍华德先生、山内溥先

---

① 魔鬼的代言人指的是提出与"多数人的看法""主流思想""正确的政治观点"不一致的那个人。魔鬼代言人的存在能激发一个群体的脑力激荡，引导群体回头重新检视原有之既定思维模式。这种提出意见的方式最早源自罗马天主教会。

生合作，共同处理西雅图水手棒球队的业务，山内溥先生是棒球队最大的股东，霍华德先生是棒球队的CEO。在很久以前我便与皆川恭广先生相识并成了要好的朋友。在我去东京时，我们一起享用清酒和日本美食，在美国的时候我们一起享用红酒和美味的西餐。

关键会议

岩田先生和皆川恭广先生一起从东京赶过来，我们在美国任天堂公司的会议室坐下，开始讨论即将到来的E3大展。在谈话中，我再次强调了我们的目标：动员任天堂现有的粉丝，扩大宣传范围。同时我还强调，现场的观众中可能有对任天堂存在偏见的媒体，所以在这场活动中，我们要采取大胆的行动，改变他们的看法。

我让唐先生向大家大声朗读我的那份开场白，通过这样的方式，我可以很好地观察岩田先生的反应。一开始他面无表情，但是他表现出的沉默，以及微微眯起的双眼和皱起的眉头都在告诉我，他在努力理解开场白的内容和含义。房间里仍旧保持着安静，然后皆川恭广先生用日语对岩田先生说了点什么，我俯身向迈克·福田学要了一份翻译。

"他们根本就不明白。"福田学先生低声对我说道。于是我马上加入对话。

"岩田先生，从我们第一次对话开始，你就明确表示任天堂需要改变与商业伙伴以及粉丝的对话模式。我认为我需要明确强调一下，我们专注于行业发展并且积极创新。我坚信我们一定会在全世界取得成功，因为任天堂公司游戏收入的75%都来源于日本以外的地区。我的这句话可以开启公司发展的新方向。"

尽管我们都知道岩田先生能听懂英语，但是皆川恭广先生仍然将我说的所有话都翻译成日语。岩田先生用这种方式给自己留出更多的思考时间，他充分考察每一处的细微差别。不过皆川恭广先生翻译完以后，他仍然保持着沉默。

最后，皆川恭广先生打破了沉默："雷吉，我有一个问题，你为什么如此愤怒？"

我的天呐！我得解释好多东西："皆川恭广先生，我并非愤怒，我这样慷慨激昂是因为我有信念，我相信任天堂正在踏上一条全新的道路，一条与我们的竞争对手完全不同的道路，但是我需要让大家相信，我们选择了一条正确的道路。"

"雷吉是对的，"岩田先生说道，"我们正在踏上一条与竞争对手完全不同的道路。目前，我们已经在游戏行业的许多领域都取得了非常大的进步，所以我们更加需要向E3大展的观众积极地传递这些信息。我支持这个开场白。"

压力预演

因为得到了岩田先生的支持，我们可以继续推进工作。在会议剩余的时间里，我们讨论了展示流程等问题。为了突出任天堂的发展势头，2003年秋季，我们对任天堂GameCube进行降价销售，同时在2004年年底，我们将推出新的游戏软件，维持销售水平，这两点措施至关重要。通过重点关注Game Boy Advance以及发行任天堂DS，我们可以突出公司在掌上游戏机方面的实力。我们也会向观众推出新研发的家用游戏机，我们将其代号称为"革命"（Revolution）。随后会播放《塞尔达传说》系列游戏的预告片，然后宫本茂先生将上台讲话。

这一天将成为任天堂新的开始。

我和瓦里尤先生一起把E3大展每一部分的稿子都反复修改了许多遍。多年前我曾经为康奈尔大学的教授工作，这是我在那时学到的经验。为了使E3大展取得成功，每一个小的细节都需要妥善处理。我需要利用完成工作职责之外的时间处理好这些事情，所以在那段时间的夜晚和周末，我都在办公室努力工作。

但是这些超额的工作时间也有额外的好处：树屋的成员们也在加班加点研发游戏，为新的游戏预告片做准备。我们很快建立了深厚的友谊。我比他们大不了几岁。我很快融入了他们，跟他们一起吃夜宵，边吃边谈论游戏。通过这些交流，我对任天堂有了更加深入的了解，知道了公司对游戏及本地化的看法。

小贴士

通常，领导人并没有花时间深入组织内部，找出阻碍公司发展的问题，这样就无法赢得团队的心。我认为真正的领导应该脚踏实地，应该超越上下级关系，把视线扩展到整个公司，去发现

> 并解决问题。由此产生的洞察力会为你赋能，你可以简化操作，推动公司盈利。

经过几周反复的修改和内部排练，我们信心满满地在 E3 大展发布会前抵达了洛杉矶。由于这是我第一次参加 E3 大展，我遵循了任天堂预先设定的某些规矩。例如，媒体发布会将在洛伊斯酒店的宴会大厅举行。为了便于制造兴奋的场面，我们特意选取了以灰色调为主的场地。另一方面，零售商和商业伙伴的展示将在好莱坞大道上宏伟的柯达剧院（Kodak Theatre，后更名为 Dolby Theatre，即杜比剧院）进行——自从该剧院在几年前开业以来，这里就是奥斯卡奖的颁奖主场。

另一个很奇怪的规矩是，他们给我安排了酒店最大的套房，房间里有一架三角钢琴，从房间的窗户可以看到整个城市的全景，但是岩田先生被安排在一个非常漂亮却小很多的套房里。我曾经多次提出质疑，要求给岩田先生安排酒店最好的房间。之前的销售和市场执行副总裁一直要求住最好的房间，但是现在我不想受到原先规矩的束缚。

岩田先生对此表示非常的包容，他让我继续住在这个非常壮观的套房里。我常常邀请他来我的房间吃早饭，这样我们就可以建立更加深入的联系。我还为来自日本的高级开发人员以及团队成员组织了一次晚宴。但是令我没想到的是，在我来到任天堂之前，这种培养团队关系的方式并不存在。对我来说，建立个人之间的友好关系是拥有强大商业关系的基础。明白了其中的动机和别人的观点可以更好地弥合分歧，从而找到解决问题的更好方案。

打磨开头

在现场，我们排练了好多次 E3 大展的流程。我们希望每个人都能拿出最好的表现。在练习过程中，我们最为关注的是开场白环节。"我会踢爆对手、扬名立万！"这一句非常完美，但是下一句"我靠的是开发游戏！"却缺乏说服力，因为我不是一名游戏开发者。我并没有写过游戏代码，也没有为游戏设计过宏伟的视觉界面。我只是一个负责市场营销的商人，后面这句话由我来说并不切合实际，也不管用。

在展示的前一天，我与通信主管佩林·卡普兰（Perrin

Kaplan）女士见面时，她也说："雷吉，很多人都觉得这么说不好。"起初，佩林想把整个开场白都删掉，重新说些别的。我把瓦里尤先生拉进了这场临时会议，与我们一同讨论相关对策。

"佩林，我们不会因为我不是游戏开发者就废掉整个开场白。我们需要找到别的解决方案。"我说道。

瓦里尤先生说："各位，这个问题很简单，我们只需要调整最后一句。不是雷吉在开发游戏，而是任天堂在开发游戏。任天堂和所有的商业伙伴在一起开发游戏。从整体意义上来说，是'我们'在开发游戏。"

因此在 2004 年 E3 大展的活动前夜，我们修改了开场白，这句话也变得极具标志性："我的名字叫雷吉，我会踢爆对手、扬名立万！我们靠的是开发游戏！"

小贴士

作为领导者，当你置身于显微镜之下时，当你展示中的每一个字都可能被外界无限放大时，你所说的每一个字都会无比的重要。不要低估每一句话、每一个字的影响力，甚至连一个不起眼的人称代词都可能决定成败。

真相大白

E3 大展的那天早晨,我非常冷静。我相信自己很好地掌握了展示流程,尽管我要在 50 分钟的新闻发布会上展示很多内容。当我到达会场时,许多记者已经在排队等候入场了。此时此刻没有人知道我是谁,所以我可以毫无阻碍地穿过人群。当门打开时,我看到房间里人来人往,我走到舞台的一侧,站在高处向人群望去,那黑压压的人群仿佛可以给予我些许能量。我穿着灰色西装,内搭黑色 T 恤:这是典型技术人员的穿搭。我这身着装似乎并没有资格让我出现在这里。我们的工作人员仍然在为即将到来的一切做准备。在这期间我注意到有一个年轻人从我身边多次经过,他紧张地瞥了自己的肩膀好几次。我只是站在那里,看了看人群,然后又看了看他。他在半路停了下来,对我说道:"嘿,没事的。这是我的徽章。"原来他以为我是活动的保安。我哈哈大笑,但是多年后我饶有兴致地回忆起这件事时才明白,这恰恰表明了游戏行业的情况:一个身着西装的黑人会被误认成保安而不是公司主管。

> **小贴士**
>
> 与众不同会招致非议。非议可能针对性别、信仰、种族、残疾,等等。我们不能忽视或者逃避这些非议,相反要向非议靠拢,不要隐藏或者否认我们原本的样子。真实的你一定会获得人们的尊重。所以放下顾虑,做真实的自己。

外号诞生

时间到了。一段画面紧凑的视频拉开了活动的序幕,在节奏明快的配乐中,视频中的画面快速切换,这些画面都来自我们备受期待的新游戏。随着音乐逐渐进入高潮,视频也以我们的口号"我们开发值得玩的游戏"而结尾。在视频播放的过程中,我一直站在舞台的黑暗处等待灯光亮起。我站在舞台上,平静地扫视着这个房间,看着台下的观众因视频而欢呼雀跃。

我来到舞台中央,相机的快门声不断响起,我开始讲开场白。随后我们将更多的镜头给到预告片和音乐,几分钟后,舞台的灯光重新亮起,我继续说下一句话。此时观众们的欢呼声更加响亮。随着展示的持续进行，我们获得了更多的掌声。闪光灯不停地闪烁，各家媒体都想要捕捉展示的每一个瞬间。

当我们第一次向全世界展示任天堂 DS 时，相机的快门声如同一串串鞭炮一样响起。塞尔达的预告片也带来了不小的轰动。在看到更加成熟的林克（Link）[①]形象和令人期待的游戏玩法后，有的媒体代表竟然激动地落下了眼泪。这时，宫本茂先生带着游戏中的剑和盾牌走上舞台，观众顿时陷入疯狂。

演讲结束后，我们与各家媒体进行了简短的交流，然后大家手持任天堂 DS 与岩田先生合影留念。我们休息了一会儿，吃了午餐，开始为几个小时后与商业伙伴的会议做准备。在这段休息时间里，我收到了来自我小儿子（那个在 3 岁时就通关了《街头霸王》的男孩）的信。如今他已经 14 岁，成了一个狂热的游戏玩家。他熟悉所有的游戏网站，包括一些很小众、前卫的网站，这些网站甚至都不

[①] 林克是《塞尔达传说》系列游戏的主人公，由宫本茂设计，初次登场于该系列的第一部《塞尔达传说》中，后出现在该系列的后续游戏作品及改编漫画、动画中。

太会引起任天堂的关注。在信中,他给我发了一些新闻发布会的照片,全都是对这次活动的积极评价。我决定给他打一通电话,弄清楚他是从哪里看到这些的。

"爸爸!"我的小儿子在电话那头激动地说,"你出名了!"粉丝们对我在新闻发布会上的照片进行了二次创作,比如,在我的眼中添加了激光束,在我的手里添加了武器,以此来描述我咄咄逼人的言论以及来自任天堂的新能量。任天堂的粉丝一定是对阿诺德·施瓦辛格(Arnold Schwarzenegger)所拍摄的大片《终结者》(Terminator)很有好感,他们给我取了新绰号"终结者雷吉"(Regginator)。

但是在新闻发布会后,佩林和团队并没有与我分享网络上大家的反应,所以这实际上是我收到的第一个反馈。我交给我的小儿子一个任务,让他搜集所有相关文章的链接,之后发送给我。在我动身前往柯达剧院前,我给佩林发送了一条消息,里面包含了搜集到的文章的链接。我儿子帮我们对此次活动的新闻舆论进行了实时监控。鉴于人们对电子游戏,特别是对任天堂的兴趣日益高涨,我们必须加快拓展互联网领域。

客户 & 传统

在我第一次参加 E3 大展的过程中，还出现了一些其他的新流程和新传统。在与商业伙伴的会议结束后，有一系列接待活动，我告诉同事要关注这些活动的细节。我们还大大提高了演唱活动中的歌手的名声。第一年，我们邀请了谢里尔·克罗（Sheryl Suzanne Crow），后来我们邀请了刚刚获得格莱美最佳新人奖的魔力红（Maroon 5），此外还有黑眼豆豆（Black Eyed Peas）。我让团队打造了一个限制人数的贵宾区，这引起了很大的争议。来自其他部门的高管认为他们和他们的商业伙伴在某种程度上受到了不平等的待遇。但是我解释说，有一个所有高管都在的区域是很重要的，这样员工就可以把客人直接带到我们这里快速交流，可以避免漫无目的地游荡，我们不需要用游荡的方式遇到重要的合作伙伴。

虽然这些举动看似微不足道，但这实际上是对我来说至关重要的管理方法。我希望团队中的每一个成员都要深入思考他们的责任，不断改善自己的表现。他们需要从其他公司学习"同类最好"的方法,将其应用于我们任天堂美国公司的各个具体场景中。我希望他们摆脱"我们一直都是这样做的"的观念,这样的观念并不好;我们必须确保所采用的方法是适合当前的具体情况的。

最后一个新传统出现在 E3 大展的最后一夜。我们在大套房中举办了派对。我这么做的目的是想对市场团队的成员、我们的代理合作伙伴以及各位高管同事表示感谢。我还邀请了来自任天堂公司日本总部的员工以及其他参加 E3 大展的子公司员工。几年之后,这个派对还包含了其他关键部门的工作人员,人数变得太多,甚至一般的房间都容纳不下。

我知道每个人都在努力工作,想要把 E3 大展做得完美。虽然我之前不知道媒体和商业伙伴对 E3 大展会有什么样的回应,但是我假定我们一定会取得成功,并为此准备了感谢团队的礼物。我带了一些印有标志性人物的徽章和小纸条卡片,在上面写下个人感言,突出团队中每个成员的贡献,表彰他们的超常表现。我将其中一枚徽章赠予我们营销团队中负责零售会议和接待活动的经理,她做出了十分重大的转变,从重复相同的、没有新意的传统工作模式转向我要求的新的工作方式。当我在大家面前公开表扬她时，她感到非常的震惊。事后她眼含泪水，感谢我在纸条上对她表达的肯定。"凯利，"我说，"谢谢你愿意相信我，并转换新的工作方向，谢谢你如此努力地工作来实现新目标，你是我们的典范。"从那一刻起，她会比其他任何一个员工都更加卖力地工作。于是一个新的传统诞生了：雷吉的徽章。

这些努力是任天堂公司的一大变革。从前，公司是非常孤立的：任天堂公司日本总部（NCL）负责亚洲，任天堂欧洲公司（NOE）负责欧洲，任天堂美国公司（NOA）负责美洲地区，不同区域之间往往不会互相分享工作计划，不会互相学习工作中好的方法。我有完全不同的观点，我想向任天堂其他地区的公司学习，尝试采用他们的优秀方案，避免他们犯的错误。我重视人际关系，鼓励大家互相信任，直言不讳地表达看法。

雷吉的徽章和手写感言的字条是对那些工作出色员工的奖励。在庆祝活动等公共场合上发放这些东西，对员工来说是锦上添花的事情。这样的认可也促使团队成员更加努力地工作，激励大家实现更多目标。

小贴士

没有任何想法是完全创新性的。你可以参考别人的想法,并将其重新应用到不同的情景中。我善于观察任天堂其他地区分公司以及竞争对手的工作方式,这个习惯开始于我刚加入宝洁的时候。我会采用好的观点,同时加上我自己独特的创新元素,把这些方法应用在我自己的业务中,用个人纸条来表彰员工业绩也是如此。实际上,在职业生涯中我所遇到的最好的经理也都是这样做的。

实现愿景

我的第一次 E3 大展演讲和任天堂 DS 的发布都取得了成功，但其中仍然有一些问题需要我们解决。

我们在展会上展示的任天堂 DS 原型机收到了不少负面评价。有些人认为这款设备设计笨重，显得廉价，有些人觉得它屏幕小，成像也不清晰。索尼的 PlayStation Portable 原型机也在本次 E3 大展上展出，他们的这款机型屏幕很大，非常漂亮，于是大家对任天堂 DS 原型机的批评就显得更为严厉。然而在实际使用中，PlayStation

Portable 的大屏幕很可能会布满指纹，有时候也容易出现裂痕，但是这些都不是大问题，因为在 E3 大展的封闭空间内，参会者会先试玩设备一小段时间，然后将其交还给索尼的代表，这些代表会立刻将屏幕上的指纹擦去。

虽然我们把任天堂 DS 的游戏软件看作依然处于试玩阶段的版本，但展台上的参会者把它当成了成熟的游戏。这就成了我们信息传递的关键之处。我们必须要加强这一点，无论是通过触控笔来定位，还是通过对着麦克风吹气来操控游戏中人物的动作，我们需要告诉玩家可以通过游戏做些什么。大多数媒体可以理解我们传达的信息，但是仍然有不少媒体无法理解，他们提出了质疑和批评。

我们要加快步伐，兑现对粉丝的承诺，实现我们的目标。

游戏火了

在两个月的时间里，我们调整了任天堂 DS 的外形设计，再次向全世界进行了展示，这次我们收到了不少积极的回应。

我在幕后积极推动美洲市场最先发布这款设备，这样我们可以充分利用"黑色星期五"（Black Friday）①进行营销。如果我们要率先推出，所有地区的生产分配都需要优先满足我们。然而目前这两个计划都是不可能的，因为日本总是率先发布产品，同时在需求趋势明确之前享有产品分配的优先权。

我把销售和营销团队召集起来，重新审查产品发布计划。我对计划的每一部分都提出了质疑，确保我们当前的计划符合当下的条件，而不是继续沿用旧的工作方式。例如我为团队引入了一套策略，保证每个零售商都可以全力支持我们的计划，同时我也明确表示，我们会准备更多的库存来奖励更加积极的营销活动。这与简单地根据当前市场份额分配库存的旧思维不同。我的新方法鼓励零售商设计自己的营销活动，由此我们也可以获得成功。

这些全新的营销方法都是有风险的，但是我希望在我的领导下推出的第一款新产品可以获得成功。为此我不停督促团队进行准备工作。

除此之外，我还不停地催促任天堂公司日本总部的工作。我直截了当地向岩田先生发送信息：如果我们希望任

---

① 美国感恩节后的第二天，也是美国一年中最大的购物日。

天堂DS在全球范围内取得成功,首先需要占据美国市场。

在我的催促下,开发团队完成了一款名为《银河战士猎人》(Metroid Prime Hunters)的游戏。这是一款第一人称视角的射击游戏,最多允许4位玩家匹配进行游戏。在市场上,这款游戏在任天堂GameCube游戏机上非常畅销,利用这个优势,我们可以推动任天堂DS获得不错的开端。然而不幸的是,开发团队的工作并没有像我们预期的那样迅速。因此,我提出了一个备选方案:开发团队构建一个独立的试玩版样品(demo),我们将把它和任天堂DS硬件一起捆绑出售。这个方案其实是非常有争议的,因为我们的开发团队不喜欢提供免费的内容。此外,若要求他们把工作精力放在开发样品上,这会使整个游戏的推出时间至少推迟6个月。

我与岩田先生以及宫本茂先生互相信任,他们同意发行一款名为《银河战士猎人:初猎》(Metroid Prime Hunters: First Hunt)的试玩样品,把这款游戏加入之前在美国销售的几百万台任天堂DS中。这次任天堂DS将在美国率先发行。令人意想不到的是,在2004年11月和12月期间,任天堂DS仅在美国就售出了100多万台,2005年1月,任天堂DS的全球出货量超过了我们的预期。

> **小贴士**
>
> 　　催促自己和他人努力工作是获得卓越成就的关键。这需要我们努力去寻找创新点，尝试新的想法，尽管这个想法在你的行业中从来没有人试过，但是在其他地方可能十分常见。当很多因素与结果息息相关时，你不必担心自己过于激进会导致失败。
>
> 　　这些都要从个人行为开始。当别人看到你对自己的要求有多高、你给自己设定的标准有多高的时候，他们就更愿意相信你并积极配合你的工作、满足你的要求。

革命开端

　　虽然早期销售的成功鼓舞了大家的信心，但实际上，我们仍然在进行一场漫长的博弈。我们希望任天堂 DS 以及下一款家用游戏机能将游戏带入普通大众的视野，在全球范围内增加电子游戏的玩家人数。

　　我们认为游戏创新的脚步已经停滞不前，因为不少游戏公司的创新只是在原有基础上推出之前游戏的改进版。我们还认为当前的输入设备（用于在游戏中移动游戏角色的控制器）过于复杂。我们自己的任天堂 GameCube 控制器有 11 个不同的控制按钮和按键，包含 2 个模拟摇杆和 1 个方向板。

这就是为什么任天堂 DS 有一个更为精简的按钮布局、一面触摸屏和一个用于输入语音命令的麦克风。这也是为什么宫本茂先生及其团队要如此努力地开发一款能通过真正的创新来充分利用这些功能的游戏。

在当时看来，他开发的名为《任天狗狗》(Nintendogs)[①] 的宠物模拟游戏是十分激进的做法。这个游戏没有得分目标，也没有固定的游戏进度。在游戏里，你只是为自己的电子宠物狗起个名字，然后你可以饲养它，根据自己的喜好选择与它互动的方式。我们没有想到的是，这样一个体验式的、随意的游戏却因为极具趣味性深受广大年轻女性的喜爱。

回忆起我们早先在 E3 大展上遇到的问题，那时我们并不是很清楚玩家对我们开发的游戏有怎样的体验感。为了解决这个问题，我们不断地挑战自己。我们需要清晰地表达非常规的战略，确保所有的支持者，包括我们的

[①] 《任天狗狗》是一款由任天堂开发并发行于任天堂 DS 的虚拟宠物游戏软件。

粉丝和员工、媒体、金融分析师,以及动视(Activision Publishing, Inc.)、艺电(Electronic Arts,简称 EA)等大型游戏开发商都可以理解我们的想法。如果不这么做,我们会收到许多负面反馈,这可能会使我们彻底与市场脱轨。

书本知识

我们决定学习几本市面上比较流行的商业书籍,应用书中提出的原则,帮大家理解我们的计划。我和岩田先生都是书籍爱好者,通过阅读和交换读书笔记,我们分析比较,最终找到了有效的理论。

我们一致决定使用的第一本书是克莱顿·克里斯坦森(Clayton Christensen)[①]写的《创新者的窘境》(*The Innovator's Dilemma*)。作者在这本书里写道:企业需要不断地重新评估发展战略,是继续沿用公司现有的发展战略并迎合当前客户的需求,还是采取新的方法来满足未来的、也许是还未明确的市场需求。他的观点与游戏行业目前的

---

① 克莱顿·克里斯坦森是美国的一名学者、商业顾问、作家,其主要研究领域为技术创新、策略布局。他在 1997 年的著作《创新者的窘境》中提出"破坏性创新"理论,在商业管理领域十分具有影响力。

发展现状十分吻合，无论是PlayStation还是Xbox都在走传统的路子，他们通过增强设备的处理能力来支持更加真实的游戏视觉效果。任天堂却认为这样的发展战略是一个死胡同，更加逼真的视觉效果本身并不能带来更好的游戏体验。不仅如此，更强大的系统处理能力将带来更高的开发成本和消费价格，从而限制潜在的游戏人群，这与我们想扩大市场规模的想法是相违背的。

相反，如果任天堂在其他方面进行创新，比如简化游戏的复杂性或者增加游戏的普及性，这种做法可以使我们的竞争对手处于一种较为尴尬的境地，他们不得不走上一条并不擅长且没有竞争力的道路，进而我们将彻底地改变市场。

另一本我们达成一致要共同学习的书是由金伟灿（W. Chan Kim）和勒妮·莫博涅（Renee Mauborgne）所写的《蓝海战略》（*Blue Ocean Strategy*）[1]，这本书的核心思想是公司应该避免过度研发饱和的"红海"市场（red oceans），

---

[1] 书中将企业过去惯用的获益方式，比如压低成本、抢占市场占有率、大量倾销等传统商业手法称为"红海策略"（red ocean strategy），主要为该策略在现今市场竞争中产生的种种弊端及其获利不易、成本提高等企业竞争力衰退事实找出根本原因。同时本书提出"蓝海策略"（blue ocean strategy），即开创尚未被开发之全新市场、创造独一无二价值等"新"商业手段作为解决方案。

而要转向没有争议的并且有增长潜能的"蓝海"市场（blue oceans），这样的做法更有利于公司的长期发展。结合这本书，我们总结了任天堂公司发展的重点：开发可以吸引非传统玩家（例如年轻女性玩家或者50岁以上的中老年玩家）的游戏。此外《蓝海战略》也和《创新者的窘境》中的理论相吻合，两者的结合为我们的全新战略提供了一个合理的框架。

> **小贴士**
>
> 当开启一个新方向时，领导者必须与全体员工有效沟通，所有人都需要了解公司的战略发展方向。在沟通的过程中，你可以举一些从前的例子，这些例子可以成为你沟通中强有力的工具。不仅如此，有时你也需要不断地重复解释自己的想法，这听起来会费时费力，但事实证明，不断地重复可以帮助别人更好地理解你的思想。

在新闻采访和与金融分析师沟通的会议中，我介绍了这两本书中的商业理论。我们将这两本书赠送给了商业伙伴，鼓励他们去阅读。有些游戏媒体用其他商业书籍中的理论来支持我们竞争对手的策略,我与他们进行了辩论。我甚至收到了粉丝的来信,他们感谢我们通过《创新者的窘境》和《蓝海战略》这两本书生动地诠释了公司的发展战略。不仅如此,他们还要求我们推荐其他读物。

《任天狗狗》的推出让我们的信息传递收到了回报。这款游戏与以前开发的任何一款产品都完全不同,它在全球范围内卖得非常好,把任天堂的客户群体扩展到孩子和年轻的女士。直到我写作的当前,这款游戏也仍是任天堂DS榜上销售量第二高的游戏,赢得了许多著名的奖项,其中包含2006年美国联合通讯社"最佳掌上游戏奖"(Best Handheld Game)。任天堂DS上推出的《脑锻炼》(*Brain Age*)①游戏以及下一代家用游戏机都同样体现了我们的发展战略。

---

① 《脑锻炼》是由任天堂开发并发行的一系列益智游戏,由日本神经科学家、教授川岛隆太(Ryuta Kawashima)负责开发,又名《川岛博士的脑部锻炼》(*Dr. Kawashima's Brain Training*)。2024年4月18日,《脑锻炼》国行版正式发售。

跌宕起伏

开发以及推出《脑锻炼》标志着我在任天堂的工作进入新的阶段,我将更积极地推动公司在整个西方游戏市场取得更好的成绩。

截至 2005 年中期,任天堂 DS 在全球范围内表现良好,但是在西方市场,包括欧洲、澳大利亚,加上我负责的美国、加拿大、墨西哥、中美洲和南美洲,如果按照人均 GDP 计算,任天堂 DS 的表现并不如在日本那样强劲。利用这一事实,我想继续推动美国任天堂公司的发展。在公司内部，我告诉大家任天堂 DS 在美国的业绩相对较差，同时向销售和营销团队提出新的挑战，希望可以进一步改善产品进入市场的战略。

头脑风暴

目前问题的核心在于，自从推出《任天狗狗》后，我们公司创新软件的竞争力在西方市场上显示出了疲态。在日本，已经出现了一些独特的创新游戏，这些游戏利用任天堂 DS 的触摸屏，瞄准新的受众群体。但是，这些游戏的语言都没有被通俗地翻译成英语，在西方游戏市场上也没有获得足够大的影响力。

2005 年春季推出的《脑锻炼》却与众不同，它对任天堂 DS 在日本市场上的销售发挥了重要作用。在玩这款游戏时，玩家使用触摸屏和麦克风回答问题，每天都可以通过屏幕中一些旋转的谜题来测试自己，通过测试结果可以得到大脑的"年龄"。玩家可以通过持续玩这款游戏来降低大脑"年龄"。这款游戏的原理是基于川岛隆太博士的研究，他是一位神经生理学家，当时在日本东北大学

（Tohoku University）教书，同时进行相关实验探究。他将研究成果写成了一本畅销书，在书中他提出了"脑年龄理论"，设计了测试脑年龄的各种谜题。

关于如何在游戏中应用脑年龄理论，岩田先生和川岛博士进行了头脑风暴，《脑锻炼》的开发灵感就是在不断的讨论中产生的。在不到5个月的时间内，这款游戏就成功开发完成，2005年5月19日在日本推出。除了在游戏中应用谜题、数学、阅读外，还应用了其他非娱乐活动，这款软件因此产生了独特的效果。

我们最初分配给零售商的软件很快就卖完了。随着任天堂与日本零售商再次合作并重新补货，销售量持续增长。这是很不寻常的，因为日本游戏市场一直以来都被认为是靠流行趋势驱动的，一款游戏通常可以在几周之内从热变冷。按以往的经验来看，一款游戏发布后，销售量往往会随着时间的推移而逐渐下滑，在那以后，除了个别节假日季节性购买高峰以外，销售量很难再有所增长。"脑锻炼"的发行展示出了一种非常不同的销售模式。尽管任天堂DS硬件刚刚推出，尽管这是一种不同以往的游戏体验，《脑锻炼》仍然稳居每周游戏销量的前10名。

除此之外，这款游戏还瞄准了非传统的游戏受众群体：50岁以上的消费者。这类消费者可能没有自己的任天堂DS，他们需要借用孩子们的设备来体验游戏。然而此后，如果想继续玩这款游戏，他们就需要购买一台属于自己的设备，这将大大增加任天堂公司的销售额。在日本游戏市场，这些事情正在慢慢浮出水面。父母一直玩孩子的任天堂DS，不少孩子感到很不乐意，正是这些孩子坚决要求父母自己去购买一部任天堂DS，继续玩他们喜欢的《脑锻炼》游戏。

地域因素

在对这一结果感到兴奋的同时，岩田先生和我讨论了如何实现游戏的本地化。这其中将会面临许多挑战。首先，我们没有能识别西方手写笔迹的系统模型。日本文化具有相当程度的同质性，我们可以很快地为日本市场建立起日语书写识别工具系统，但是在西方语言中，数字笔迹的差异很大。你可以做一个试验：在一张纸上写下数字3、4、5和8，然后观察家人和朋友书写相同数字时的笔触，看看数字的形状有什么变化。在任天堂美国公司进行游戏测试时，我们观察到了非常大的书写变化范围。为此我们需要建立一个专有的工具集，方便迅速识别各种手写数字，因为速度是测试大脑反应能力的关键因素之一。

同样，我们必须为语音识别做相同的工作，因为在日本版本的《脑锻炼》原版游戏中，我们有一个模块是让玩家通过大声朗读来体验游戏。西方市场的另一个挑战是语言的数量。仅仅我所负责的地区，我们就需要英语、西班牙语、魁北克法语以及巴西葡萄牙语。如果要拓展欧洲业务，我们还需要建立更大的语言系统，我们为这些语言进行软件的本地化需要更多时间。

解决难题

我们目前面临的最大困难是如何让客户了解《脑锻炼》这款游戏。在日本，川岛隆太博士和他提出的理论受到了大家的欢迎。任天堂利用这一点，把博士的名字加入营销材料中，并且在游戏中用他的头像作为游戏教程中与玩家互动的角色。然而在日本以外的其他地区，大家对此并不了解，我们所做的一切在日本以外都是徒劳。

然而，市场上越来越受欢迎的游戏形式是数独（Sudoku）[①]，即数字排列游戏。一开始，数独游戏与填字游戏一起出现在报纸的边缘，后来专门的数独书籍也成了畅销书。许多人认为玩数独游戏可以提高记忆力。在西方的老年消费者中，数独游戏非常受欢迎。

我想把数独游戏加入西方版本的《脑锻炼》游戏，并且与岩田先生讨论了这个问题。

我对他说道："岩田先生，《脑锻炼》游戏在西方市场缺乏吸引力，我对此感到担忧。西方世界对川岛隆太博士并不熟知，但是在日本，你能利用他提出的理论增进人们对《脑锻炼》游戏的认识，也取得了不错的效果。在西方市场，我们并没有这样的优势。同样在文化上，日本市场也有西方市场所没有的优势。日本50岁以上的人口比例更大，然而在美国和加拿大，特别是我所在的拉丁美洲市场，人口的年龄分布完全不一样。我们市场上的年轻人口比日本要多得多。考虑到这样的情况，我们需要用一种完

[①] 数独是一种运用纸和笔进行演算推理的逻辑游戏和数字游戏，通常被认为起源于18世纪的瑞士。

全不同的方式来推广这个游戏。"

"在为西方市场进行游戏本地化时，我想把数独加进来。数独在西方市场非常流行，爱玩这种数字游戏的老年人是我们的目标客户群体。不仅如此，添加数独游戏也让我们有机会接触到年轻人，因为他们也喜欢玩这种解谜游戏。"

话音刚落，岩田先生就开始了反驳："雷吉，《脑锻炼》是基于川岛隆太博士的研究开发的，我们花了大量的时间说服他，让他同意我们以他的研究为灵感设计游戏，我不确定他的研究中是否使用过数独，如果你执意要这么去做，我们会面临更多的挑战。"

可以看出来，我的建议对岩田先生来说是一个不小的难题。最开始岩田先生与川岛隆太博士面对面讨论过开发《脑锻炼》这款游戏，任天堂与川岛隆太博士也多次开会讨论如何在游戏中体现脑年龄的概念，我确信岩田先生参与了这些会议。在与岩田先生共事的短短几年里，我已经知道，如果他不再微笑，而且对某个想法做出回应前有一段较长的停顿时，这个迹象表明他感到十分不自在。但我还是坚持提出我的看法。

"岩田先生，关于数独的研究材料与川岛隆太博士的研究理论是一致的。两者都认为短时间、集中的训练可以提高记忆力。如果让他了解我的想法，让他明白数独游戏在西方文化中具有的意义，他会支持我们的。我希望他能看到其中的好处。"

我的观点令人信服，我清楚地感觉到岩田先生开始支持我的想法，他开始考虑该如何说服川岛隆太博士、如何获得他的支持。

其实我早就知道，在初步评价一个想法时，强行要求对方做出肯定回答是愚蠢的。我需要给岩田先生一些时间，让他继续思考我的提议。但是当我们通过电子邮件和视频定期交流时，我还是经常问起数独的问题，试图了解岩田先生与川岛隆太博士交流的进展。

我也知道我需要从其他角度来推动这个想法。我与迈克·福田学合作，想得到他的支持，因为他和他的团队将直接与任天堂公司日本总部的开发人员交流、合作。我需要先让他接受我的提议，然后研究如何更好地将新元素融入已经发行的日本游戏中。我们想把数独与游戏融为一体，而不是当作单独"附加"元素，为此我们得创建新的菜单和教程。

福田学的团队还需要寻找新的游戏内容，因为任天堂美国公司没有与数独相关的资源。

我还向法律团队咨询了解与数独有关的版权和商标问题。对我们来说，这是一个全新的领域，我们需要自己动手去了解相关知识。

几周过去了，我们从岩田先生那里得到了答复：川岛隆太博士愿意在游戏中加入数独元素。得知这个消息后，任天堂公司日本总部的开发团队极其兴奋，他们一直在关注我们的行动，想知道我们怎样让这款游戏在西方火起来。

> **小贴士**
>
> 推销新产品、新想法时，你需要盟友。你需要从多个角度推动这个想法，提高最终决策者支持你的概率。如果你是最终决策者，当你的下属提出了某些想法后，你要明白他们可能已经就这个想法私下讨论了很久，并且可能在内部达成了一致。这对公司来说实际上是一件好事。

大众游戏

我们解决了书写和语音识别等问题，在游戏中完美地整合了数独元素。2006年4月，我们推出了这款新游戏。就像日本市场一样，一开始销售数据也在稳定增长。更重要的是，这款游戏的销售推动了顾客购买新的硬件。我们正在通过这种方式实现目标——扩展任天堂在世界游戏市场的份额。

在为任天堂DS的发售造势的同时，我们也在为下一台家用游戏机而努力。我们对信息传递尤为重视。在公开场合，我们称之为Revolution游戏机，因为我们希望通过这台游戏机实现游戏玩法的革新。我们向任天堂的粉丝宣传了新游戏机的重要特征：他们可以通过下载一个"虚拟控制台"来玩先前在NES和SNES平台上发布的游戏。

我们决定在2005年的东京电玩展（Tokyo Game Show，简称TGS）[①]上推出新的游戏机控制器，我们希望每一位家

[①] 东京电玩展是规模仅次于E3大展的全球电子游戏展会，创办于1996年，以展示各类游戏机及其娱乐软件、电脑游戏和游戏周边产品为主。

庭成员都可以在即将推出的设备上自由地玩游戏,因此我们将控制器设计成类似于长方形的电视遥控器的样子。你可以拿起它,用任何一只手来玩游戏。

我们的控制器运用了运动感应和陀螺仪技术,这意味着玩家可以通过摆动遥控器来进行游戏操作。我们控制了按钮数量,玩家能更容易地使用控制器。对资深玩家喜欢的复杂游戏,可以通过使用操纵杆和附加按钮获得更多的功能。

在东京游戏展上,我们只是谈到了控制器,向玩家展示了控制器的一些图片,但这样做恰恰激发了大家对新推出游戏的无限想象力。

2005年下半年,我回到了日本,继续发布新款家用游戏机的信息,从事 Revolution 游戏机的推广工作。在公司内部,我们需要确保公开信息的传递可以让受众群体参与进来,但我们还是想为 2006 年 5 月的 E3 大展保留惊喜。

我们一致认为岩田先生需要在 2006 年 3 月的游戏开发者大会(Game Developers Conference,简称 GDC)[①]上再

---

① 游戏开发者大会是目前全球规模最大的游戏开发者年度专业性会议,为游戏开发者之间的技术交流、获取灵感以及交友联谊提供了平台。

次发表主题演讲。在前一年的活动上，他曾发表过十分成功的演讲，题目是《玩家之心》(*Heart of a Gamer*)。在演讲中，他讲述了自己成为任天堂总裁的心路历程，他说他自己始终都是一位游戏玩家。岩田先生的这次演讲和我在E3大展上所发表的"我们会大获全胜的"演讲十分相似。岩田先生花了许多时间与唐·瓦里尤先生沟通有关出身背景和行为动机的内容。我听过他们的几次对话，这让我受益匪浅。

在准备这次活动的过程中，我们遇到了突发情况：岩田先生突然患上了急性咽喉炎。在演讲的前一天，他几乎不能发声。我和唐·瓦里尤先生急急忙忙地研究备用计划，因为如果按照事态发展，在演讲当天岩田先生可能仍然无法讲话。我们讨论了许久，最终想到了解决方案。岩田先生站在台上，由我来代替他演讲，我扮演腹语表演者用的"玩偶"，说着那些本不属于我的故事。我花了整整一夜的时间阅读岩田先生的演讲稿，思考我该如何完成这场"表演"。幸运的是，在演讲当天岩田先生恢复得很好，可以发表演讲。在我看来，这次演讲是岩田先生发表过的最好的一次英语演讲。

幕后故事

2006年GDC活动期间,利用《脑锻炼》游戏取得的成绩,我们强调任天堂以一种与众不同的方式进入游戏市场。对Revolution游戏机,我们向观众进一步解释了全新控制器的研发理念,告诉大家这款设备将为商业伙伴创造机会,能使他们想要呈现的内容成为现实。

GDC活动结束的几个月后,我们公开了新设备的名称。我们希望这个名称在不同的语言里都可以朗朗上口,这样可以进一步证明,我们的目标是让尽可能多的消费者玩上我们的游戏,于是Wii便诞生了。这个名称的发音和"we"很相似,突出我们设计理念的包容性。我们猜测会有人恶搞这个名称(Wii, wee-wee)[①]。但是,因为这个独特的名称体现出的包容性让我们觉得值得一试。

2006年的E3大展是我们信息传递的完美时刻。届时,我们会向粉丝展示任天堂及合作伙伴共同为任天堂DS

---

① "wee-wee"在英文中有"撒尿"的意思,常用于儿童语言或与儿童的对话中。

和 Wii 研发的游戏。在展会上我们需要让 6 万多名粉丝现场试玩。对我们来说，这是一个巨大的挑战，因为我们需要展出大量的游戏，而传统展示台的面积却很小。在展会上，我们需要在玩家之间留出更多的空间，因为在玩 Wii 游戏机中的游戏时，玩家需要像挥动网球拍或者棒球棒一样挥动新的控制器。此前，我们也有要求多个玩家并成一排一起玩游戏的经验，所以我们在设计展区时，将 Wii 的游戏单独作为一个展示区，在展区旁边腾出了许多空间。

我们要展示的游戏并不少，但是其中有两个主要的游戏：一个是《Wii 运动》(*Wii Sports*)[①]，游戏由 5 种运动组成，玩家可以用卡通形象 Mii（Mii）[②]来体验游戏；另一个是《塞尔达传说：黄昏公主》(*The Legend of Zelda: Twilight Princess*)[③]，我们在 2004 年的 E3 大展发布过这款

---

① 《Wii 运动》是一款适用于 Wii 游戏机的电子游戏，由任天堂制作和发行，属于 Wii 系列的首作。游戏于 2006 年 11 月 19 日在北美地区随 Wii 游戏机先行发售，并在随后一个月内于日本、澳大利亚和欧洲发行。

② Mii 是一种用于数款任天堂电子游戏机和移动应用程序上的可定制卡通化身，最早出现于 Wii。用户可以设定不同的面部、身体和服装来制作自己、他人或原创角色的卡通形象。

③ 《塞尔达传说：黄昏公主》是一款由任天堂情报开发本部制作、针对任天堂 Wii 和任天堂 GameCube 游戏主机发行的动作冒险游戏，是《塞尔达传说》系列的第 13 部作品。

游戏完整的预告片。

《Wii 运动》开发的初衷是希望每个人都可以参与游戏。这款游戏将棒球、网球、拳击、高尔夫和保龄球融合在一起，在全球范围内赢得了广泛的关注。每台 Wii 游戏机都预装了游戏软件，玩家可以体验到完整的游戏过程，你可以设计 Mii 角色，为他选择肤色、身高、体重、发型、面部表情以及眼睛的颜色。在 Wii 的体育游戏中，你可以与好友的 Mii 角色或者人工智能 Mii 进行比赛。这个游戏设计得较为简单，但是可以引发玩家之间的激烈竞争，甚至开发人员开发这款游戏时也在不停地进行比赛。我们认为通过这样的方式可以很好地展示 Wii 功能，这款设备跨越了玩家的年龄，让每个年龄段的人都喜欢拿起控制器体验游戏的乐趣。

粉丝参与

《塞尔达传说：黄昏公主》是一款传统而又与众不同的游戏。玩家带领英雄林克击败敌人，解决难题。在游戏中，玩家的任务是拯救塞尔达公主以及海拉鲁大陆。我们为任天堂的老粉丝推出了这款游戏，相信它会卖得很好。

我们该如何在内部会议及 E3 大展上推广这两款游戏？对这个问题，公司内部有过激烈的辩论。两款游戏各自扮演了不同的角色。

《Wii 运动》是创新的巅峰：它会为玩家带来全新的游戏体验，吸引大量的玩家购买，包括那些刚刚接触游戏的人，他们只要拿起控制器就可以体验游戏的乐趣。

《塞尔达传说》系列游戏则会是任天堂忠实粉丝的必买游戏，也是零售商的主要收入来源。最重要的是，《塞尔达传说》系列游戏可以向动视和 EA 等大型游戏开发商表明，在我们平台上开发传统动作类游戏、运动类游戏、射击类游戏可以取得成功，满足核心受众群体的需求。

最后，岩田先生和我都同意在新闻发布会上将《Wii 运动》作为主推产品。我们还准备在美国举办一场游戏竞赛，为美国消费者提供在舞台上首次玩这款游戏的机会。幸运的获胜者将有机会与宫本茂先生、岩田先生以及我一起玩 Wii 的网球运动游戏。开展这样一场大型的 Wii 体育比赛活动将吸引全球观众在线观看这场发布会。

关于零售商店介绍的环节，我们将用《塞尔达：黄昏公主》作为结尾。这是个不错的专卖游戏,零售商会对未来的收入以及利润增长潜力充满期待。

在这场发布会上,我们还为观众准备了其他惊喜。在开幕式上,宫本茂先生将会穿着全套的燕尾服指挥 Mii 角色管弦乐队。他从指挥 Mii 角色管弦乐队过渡到"指挥"任天堂和我们的授权合作伙伴。这就是宫本茂先生典型的特色,他笑容可掬,个性鲜明。随后他会将演示的机会交给我,由我向观众们全面介绍 Wii 以及任天堂 DS,这场发布会将会震撼所有的在场观众。

做对的事

这场发布会确实非常震撼。在新闻发布会后,岩田先生给我发来信息,他想在最后时刻更改零售商演示环节,使其与新闻发布会流程一致。这意味着塞尔达游戏的展示时间将会缩短,《Wii 运动》的展示时间变长,最终以《Wii 运动》作为结尾。

面对这一突然的决策变化,我有两方面的担心。首先,我坚定地认为,如果以《塞尔达传说》系列游戏作为活动的结尾,我们将会从零售商那里得到更好的反馈。高管们基本上只关注公司的盈亏。他们只想把我们卖给他们的硬件、软件和配件一股脑地卖给消费者,从而获得利润。对他们来说,虽然理解和支持我们的战略很重要,但是他们更倾向于对他们来说有利可图的产品。《塞尔达传说》系列游戏是其中之一,因为这是一款拥有数百万粉丝的游戏产品。

其次,岩田先生提出的改变和我们先前准备好的出入非常大。这些都是需要大量前期准备的活动,需要修改灯光、音响以及讲稿,其中任何一项都可能因为没有事先排练过而失败。

我私下找到岩田先生,与他沟通他提出的修改建议:"岩田先生,我知道你想改变发布会零售商演示中《Wii运动》和《塞尔达传说》系列游戏的演示顺序。"

"是的,雷吉,"他说,"外界对我们的新闻发布会反响强烈。我们都对《Wii运动》兴趣十足。为了让零售商有同样的感受,我们应该给他们做同样的展示。"

"岩田先生,你说得对,我们的新闻发布会获得了很强烈的反响。《Wii运动》是一个神奇的游戏,随着越来越多的参会者亲身体验，我们将会得到更多的积极反馈。但是正如我们之前所讨论的那样，零售商的需求和我们并不相同。他们关注的是我们目前推出的游戏，由此确定购买多少 Wii 硬件，确定支持哪些游戏。《塞尔达传说》是一款畅销的系列游戏。零售商想看到的是游戏的吸引力。在新闻发布会上，我们只是简单地介绍了一下，因为媒体对这个系列的游戏十分熟悉，他们不需要看到太多演示就已经对这款新的游戏有好感了。但是对零售商而言，他们需要看到更多的展示。"

"还有，岩田先生，如果在上台前几个小时做出新的改变，我认为这将会导致这次演示的失败。我们不能因为技术上的困难让先前的努力付诸东流。我认为明智的做法是执行原本的计划。"

我们像以往那样反复来回拉扯，确保对方听明白了自己的观点，同时也说明了我们彼此的立场中可能存在的风险。我们讨论的时间越长，所剩余的准备时间就越短，执行的风险就越大。最终岩田先生妥协了，我们继续执行原先的计划。但是在这个过程中，我觉得岩田先生对我有点失望，他希望我能尊重并支持他的意见，毕竟他是任天堂公司的全球总裁。但是我目前所需要做的是对公司有利的事情，对我在的组织有利的事情。推广塞尔达游戏对我们来说至关重要，这样做会激发零售商的积极性，同时激发大家对 Wii 游戏机的兴趣。

此外，《塞尔达传说》系列游戏的成功也是我们获得西方开发商支持的关键。他们需要相信，在 Wii 平台上他们的游戏有不少受众，他们准备以男性或年轻人为目标受众，开发全新的运动或动作游戏。成功的《塞尔达传说》系列游戏基础有利于实现这一目标。

在发布会预定开始前的几个小时，如果对演示文稿进行重大修改，必定会导致失败。如果发生这种情况，我和团队成员都会受到指责，但是没有人会记得是谁要求改动方案的。

我相信演示流程对零售商来说会很管用。从先前的新闻发布会中，他们已经看到了粉丝对《Wii 运动》的正面评价。他们也看到，粉丝希望得到更多关于《塞尔达传说》系列游戏的信息，这让大家开始猜测游戏的质量，猜测游戏是否可以准时发布。

> **小贴士**
>
> 领导者总是要做困难的事情。听从老板的命令很容易,但是你需要知道,在当下什么才是正确的。坚持自己的立场,即使会面临和老板闹僵的风险,即使会影响你在公司的地位。
>
> 在面对艰难的决定时,你需要深入挖掘你的想法、经验以及信念。你需要考虑风险:是与主流观点一致,还是提出新的观点。
>
> 然后你将做出艰难的选择。

万事俱变

我的方案很灵。与零售商更深入地交流之后,我们强调每位购买硬件的顾客基本上都会购买《塞尔达传说》系列游戏。零售商要我们为这两个产品准备大量库存,数量甚至超出了我们最乐观的预期。

在岩田先生周六返回日本前,我与他一起吃早餐,跟他分享了零售商和消费者对 E3 大展的反馈。"岩田先生,毫无疑问,我们实现了目标。游戏网站上流传的视频显示,昨天 E3 大展的大门一开,参会者立马就冲向了我们的展位。"

在周五开门营业前的几个小时，E3 大展的入口处就排起了长队。有正式徽章的参会者往往会在展会的最后一天赠送或者出售他们的徽章。这时，正式参会者已经看完了所有的产品，想匆匆赶回家。在周四晚上，附近的游戏迷和零售商主动接近 E3 大展的正式参会者，在他们离开展会前试图得到他们的正式徽章。

"在这个'疯跑'的视频中，我们看到粉丝从索尼的 PlayStation 展位前径直走过，"我继续说道，"他们直接去了任天堂的展台，开始排队观看 Wii 和 NDS。你可以看到索尼的高管在惊讶地摇头。"

"此外，岩田先生，虽然我们仍然在与零售商商量计划，但是他们对 Wii 硬件和软件的初步需求远远超过了我们一开始时的估计。下个月我去访问日本时，我需要与你一起审查生产计划。但是我们现在就应该开始考虑增加产量。"

岩田先生点了点头，问了我一些问题。但是他似乎有点心不在焉。我不禁联想，他是不是还在生气，因为我没有遵循他的指示改变《Wii 运动》和《塞尔达传说》系列游戏在零售商展示中的顺序。

在紧接着的周一，工作十分顺利。虽然因为前一周成功举办了 E3 大展，我们感到疲惫不堪，但是我们还是十分兴奋地继续跟进展会的剩余工作。零售商纷纷打电话，要求获得 Wii 硬件和软件的更多供应分配。同时他们还想知道我们何时会分享更多有关价格和上市日期的细节。基于他们的热情，我们为任天堂 DS 的销售博得了更多的支持。

还有几十家媒体询问，希望了解 Wii 开发的幕后故事。公关团队评估了他们的请求，决定暂时保密。因为在夏季和秋季，我们仍然需要保持消费者的兴趣，一直到 2006 年假日期间正式推出。

最后，我们还需要润色 Wii 的发布广告，我们要在未来几周内拍摄完成。

我的天呐！

在连续不断的狂热活动后，岩田先生会在那一周晚些时候来美国，这个消息让我感到震惊，他还明确表示要在到达后的第一时间与我单独交谈。在这之前，他和我在洛杉矶待了整整一周，无论是私下还是在大型的小组会议上，每天十几个小时都待在一起。究竟是有什么紧急的事情需要他马上回来？

我越想越难过。他是不是要因为零售商展示中的顺序对我表达不满？我会不会因为坚持了自己相信的东西而被辞退？但是，这场活动不是已经成功了吗？

一直以来，我对我们私下的分歧都非常敏感。这次，甚至连他常用的翻译皆川恭广先生都没有出席。我不希望我们的讨论给岩田先生带来任何潜在损失。

我决定在没有事先说明的情况下，不接受解雇或者训斥。我要求团队整理出明确的PPT，表明方案取得了成功。我们有数据显示，任天堂在整个E3大展中通过《Wii运动》以及《塞尔达传说》系列游戏带动了媒体和消费者的积极参与。我们的表现已经超过了历史水平，也超过了竞争对手和独立开发商的游戏。

我们也有数据表明，Wii和任天堂DS获得了零售商广泛的支持。我确信这种支持在市场上是不常见的。

我把这些写成了长达20多页的详细报告。这是我对自己的方案最全面的辩护，我不后悔把新闻发布会的重点放在《Wii运动》上，也不后悔把零售商的演示重点放在

《塞尔达传说》系列游戏上。这份报告更加明确了我的方案是正确的。

岩田先生于 5 月 19 日星期五抵达美国，这恰好是 E3 大展的参会者涌入任天堂展位整整一周后。他直接从机场抵达任天堂美国公司，来到他常用的会议室。通常，他要先在酒店停留一晚，洗漱，然后换一身新的衣服。但是这次他没有这么做。此外，他还拉上了办公室的窗帘。我了解到，与我会面后，他还会与其他执行副总裁单独会面，然后我们将在当天的晚些时候集体会面。这些不太寻常的做法让我感到有些惊恐。

任天堂美国公司的总裁君岛达己先生来接我，他和我一起来到岩田先生的临时办公室。我手里拿着 3 份演讲稿，题目是《任天堂美国公司在 E3 大展取得的成果》（*NOA's E3 Results*）。我要进入办公室时，君岛达己先生突然靠过来对我说："雷吉，没事的，不要担心。"这是什么意思？！

岩田先生坐在桌子的一边，他让我坐在他的右边，君岛达己先生坐在他的左边。我问他路途是否顺利，但是他的神情告诉我，他这一路并不顺利。他说飞行过程中遇到了乱流，飞机发生了几次大的颠簸，他没能睡个好觉。我希望这些情况不要使这场会议也变得"颠簸"。

正当我准备发表演讲时,岩田先生打断了我,递给我一份两页的文件。我脑海里想:最终还是来了。

文件标题写的是《晋升》(*Promotion*)。

我读了开头的第一句话:"我很高兴任命你为任天堂美国公司的总裁兼首席运营官。"

我的反应是:"哦!我的天呐!"

> **小贴士**
>
> 我时常回想我是如何晋升到这个职位的。其实没有单一的答案,但是我知道:作为提高公司收入的高管以及取得成果的领导者,我做得还不错。我运用自己学到的知识来取得成果,引起别人的注意,这使我的责任也在不断增加。
>
> 我对自己的想法有着坚定的信念,敢于反对老板的意见。因此,你要勇于提出自己的观点。
>
> 此外,我总是很真实:和岩田先生相处时的那个雷吉,也是我们团队中的雷吉。作为领导者,真实是一个十分宝贵的品质,其他人都会因为你的真实而更加认可你。

大胆决定

作为任天堂美国公司的总裁,我必须把自己在销售和市场部门所运用的策略推广到整个公司。

我需要说服新来的直接向我汇报的员工和以前的同行,让他们相信我了解他们的职能范围,也会听取他们提出来的建议。这其中包括负责财务、技术、运营、产品开发和业务发展的各位高管。

我认真审查了每位高管的背景,深入了解了他们的业务范围。我还专门会见了他们的下属,特别是副总裁和经理级别的员工,因为他们是公司未来具有潜力的领导者。我需要了解公司的优势和劣势,确保我们为未来做好准备。我询问了一些问题,确认公司不同事项的优先级,确保我能全力支持公司的关键工作。

在公司会议中,我发现了公司存在的3个主要问题,从而把注意力放在3个重点事项上。第一,任天堂美国公司的各个部门互相分割,各自为政。每个部门都有各自的优先事项,但缺少整个公司层面的优先级意识,他们也不清楚该如何把事情合在一起。这也算是个老问题了。任天堂公司日本总部以及任天堂美国公司分别由日本的山内溥先生和他的女婿荒川实(Minoru Arakawa)[①]先生管理。在日本,山内溥先生掌管一切工作;在任天堂美国公司内部,荒川实先生负责所有决策。这导致了整个组织缺乏内部沟通和团队协作。

---

① 荒川实,日本企业家,任天堂美国公司前总裁。

问题缩影

这种筒仓思维（siloed thinking）[①]的经典例子是 2005 年秋天推出的 Game Boy MICRO[②]。那时我们已经推出了任天堂 DS，重点关注如何让这个产品获得长远成功。同时 Game Boy Advance 的销售处于衰退状态，任天堂美国公司计划通过"黑色星期五"的促销活动来清仓大甩卖，消化剩余的库存。这个计划是 2005 年年初制订的。之后，我才第一次听说 Game Boy MICRO 游戏机。但是运营团队和产品开发团队的成员比我更早地得到了消息。

在我看来，Game Boy MICRO 的市场前景不是很好。这款设备特别小，对任何身材适中的成年人来说，控制按钮都难以操作，此外，它的屏幕面积也非常小。当前市场上电子游戏机流行的趋势是把屏幕做大，Game Boy MICRO 恰恰与此背道而驰。然而，硬件的开发一直进行着，现在

---

① 筒仓思维指在同一个组织内的不同单位、部门或个人之间，不与其他人分享资讯或知识，不与他人互动的一种思维与做法。

② Game Boy MICRO 是 Game Boy Advance 的衍生机型，并且可以完全兼容 Game Boy Advance 上的游戏软件。

我们不得不为其推出做准备。"我们早就该讨论这个问题了,"我对唐·詹姆斯以及迈克·福田学说道,"在市场上,这款产品会分散我们的注意力,我们要么不引进这款产品,要么在全球范围内中止这个项目,在这点上我们应该达成一致。通过合作,我们可以取得不同的结果。"我并不是在指责他们,我们当时还是同事。我只是想指出,我们是在用筒仓思维思考问题,这样缺乏沟通的工作模式使我们在处理任天堂公司的问题时缺乏效率。

Game Boy MICRO 在全球范围内的销售量乏善可陈,第一个月的销量不到 100 万台,一直到 4 个月后的 2005 年底,销量都不到 200 万台。

利用这件事情,我在任天堂美国公司展开机会教育。我们的经验教训如下:公司领导层需要不断沟通优先事项。作为总裁,我的解决方案是每周召开行政领导团队会议,审查关键的优先事项,并关注目前的工作进展。起初,有些员工会抱怨:"我们真的需要每周召开会议吗?"这是大家普遍的感慨。没有高管喜欢开会。但一段时间过后,大家都看到了有利的一面。抱怨停止了,信息共享的速度加快了,我们获得了积极的效果。

开启全新的财政年度后,我们会调整下一年度的优先事项,这确保了整个公司步调统一,一致行动。我会和岩田先生分享这些优先事项,帮助他思考任天堂公司在新的一年里影响全局的优先事项。

> **小贴士**
>
> 领导者可以通过频繁的会议、电话和数字通信来确保步调一致。在远程工作以及团队分散化的时代,员工全身心地参与工作是更高优先级的事项。
>
> 当团队和个人受到局限时,他们可能会误解优先事项。如果不同团队和职能部门都用筒仓思维思考问题,大家更无法理解优先事项。保证组织协同共进而不犯错误的唯一办法便是不断共享信息,确保每个人都遵循同一套游戏规则。

奖励行为

我发现的第二个问题是,尽管任天堂公司日本总部和任天堂美国公司都有强大的商业文化,但是我们有机会去审视我们看重的行为,弄清楚这些行为如何使员工在公司内部获得晋升。

21世纪初，任天堂美国公司似乎显得不合时宜。那时太平洋西北地区已经成为科技行业的热门就业市场，员工常常从一家公司跳槽到另一家公司，以此来寻求获得升职加薪。但是在任天堂美国公司，情况并不是这样。在公司任职期间，员工的平均工作年限达8年之久。业务的乐趣以及新产品的不断推出促使员工很愉快地留下来继续工作。但是任天堂并不太关注个人表现，缺乏业绩问责机制，工作环境过于安逸，尤其是对表现不佳的员工。这又让我想起了与人力资源主管弗利普·莫仕的第一次谈话，我们谈到了公司缺乏员工成长战略这一问题。

作为销售和市场部的负责人，我已经把一套绩效管理方法落实到位。我要求所有员工配合完成半年一次的审核，由部门主管进行审批。我把表现不佳的员工列入行动计划，这些员工要么改善自己的业绩，要么就会被清退。我们这样做既考虑到了公司看重的行为，同时也出于同情，给予了这些员工成长的机会。

例如公司有一位销售和市场部副总裁，他在业务上十分出色，但是人事管理的能力很差。我刚上任不到一个月,他的手下成员就来找我,对我详细地说明了他的不足之处。后来我与其他部门的合作伙伴进行了交谈,大家一致认为,这位副总裁人际管理方面的能力不足,但是考虑到他精通业务,我们还是将他留了下来。

我很快就跟他见面。我对他说:"嘿,我知道你业务能力很强,是一位行家。但是你管理着30人的团队,我已经看到了你对待团队的方式,这是一个问题。你并不尊重你手下的员工,也不愿意花时间来帮助他们变得更好。你必须成为更加高效的人事经理和团队领导者,否则将来公司将没有你的位置。"

听到我的话,他十分震惊。因为从未有人如此直接地将问题点出来告诉他。我们共同制订了计划,他需要接受额外的行政人员培训,我们每两周见一次面,专门讨论他在人事管理方面的问题。我要求他与我分享他学到的东西,分享他是怎么在团队中运用学到的新技能的。除此之外,我还会见了他的直属下级,从他们的角度来了解情况的进展。

最后,这一情况持续了很长时间。由于多年的无知以及缺乏反馈,他糟糕的人事管理行为已经根深蒂固了。我告诉他,我想给他一个新的角色,免去他人事管理的责任,但是他可以继续发挥业务才能。在我向他透露消息的几周后,他便选择了离开公司。看到他离开后,他所在部门的下属都十分开心。

> **小贴士**
>
> 要明确你所奖励的行为,在员工表现不佳时及时提供反馈。让表现不佳的人继续留下来会伤害到其他团队成员,同时也会使很多优秀的员工感到沮丧,他们会怀疑自己为什么要如此努力地工作。
>
> 处理那些业务能力很强但是却疏远他人的员工是个不小的挑战。我们得计算好风险,但是更重要的是,无论业务多么出众,我们都没有理由让他创造这样一个不利于下属的工作环境。
>
> 解雇表现不佳、疏远他人的员工非常艰难,但这是每位领导者必须要掌握的重要能力。

作为总裁,我在整个公司都采用这种管理方法。我和执行领导团队以及人力资源团队共同创建了一个公司看重的能力矩阵:

1. 思维(Thought)——反映公司希望员工拥有的个人

思考能力，例如持续创新和全球视野；

2. 结果（Result）——行动起来，获得预计的结果；

3. 自我（Selp）——充满自信和适应性，管理好自己；

4. 人际（People）——解决协作和价值差异化的问题；

5. 领导（Leadership）——专注于建立高效的团队，推动愿景实现。

我们广泛宣传这些能力，将其与绩效评估直接联系。我们希望员工展示什么样的能力？公司内部该如何晋升？我们揭开了这些问题的面纱。最初，这使公司员工的人员调整率过高，但通过调查发现，员工对自己在公司未来的发展期望变得更加积极。

文化冲突

我最后发现的一个问题是任天堂公司日本总部和任天堂美国公司之间存在紧张关系。无论过去还是现在，日本市场和其他国家的市场都截然不同。日本人口众多，但是由于内部山脉的分隔，人口都分布在非常集中的地理区域。这就使日本人的住宅很小，人们的私人空间变小，但是公共空间变大。很多家庭都是多代同堂，大家都十分尊重老年人。与其他发达国家相比，日本民族的多样性显得更少，主要的媒体依然是有限的日本国家广播系统。

从商业角度看，日本电子游戏市场只有一个直接的竞争对手：索尼的 PlayStation，而美国和欧洲市场的竞争对手是微软的 Xbox。第一人称的射击游戏在西方尤其受到欢迎。在日本，大家很难想象这些枪战内容会出现在奶奶经常看的电视机前。在西方市场，媒体内容数量激增，首先是数字有线电视频道，然后再是夸张的互联网内容。

因此，对于全球游戏产业的未来以及如何更好地发展业务，任天堂公司日本总部和任天堂美国公司持不同的看法。当我成为任天堂美国公司总裁时，公司高管总觉得西方的观点被忽视了。虽然西方市场的收入占任天堂总收入的 75% 以上，其中仅任天堂美国公司就占任天堂总收入的 50%，但是这种遭到忽视的处境仍然存在。

我的解决方法是加强公司不同业务部门与任天堂公司日本总部的沟通和交流。除了特定职能层面的讨论外，我还需要确保双方可以持续沟通更广泛的业务需求：包括对特定新产品的需求以及关于数字基础设施建设的需求。我想确保每当任天堂公司日本总部的高管在京都开会时，他们都对任天堂美国公司有一致的看法，知道我们为什么会是这个样子，知道什么可以帮助我们成长。

我与岩田先生直接交流的次数也在增加。无论是我去日本，还是岩田先生来美国，我们每个月都会见面。通常，我们与其他高管开完一系列小组会议后，岩田先生和我会接着开多次私人会议。在会议上，我们关注近期公司的业务问题，也关注公司未来的关键需求。正是这些无数次会议，我可以提出有争议的决定，也让岩田先生有时间消化问题，促使他进一步做出决定。

当岩田先生或者其他任天堂公司日本总部的高管访问美国时，我们通常会在晚上举行团队晚宴，这是了解彼此、分享个人故事和经历的绝佳机会。但是当我访问日本时，我很少与任天堂公司日本总部的高管共进晚餐。这是因为岩田先生的工作风格更像一个不知疲倦的工人，他习惯在办公室一直待到深夜，以便与管理团队成员们会面。他们常常只是吃一顿简单的晚餐，然后继续讨论新的游戏开发项目。

但是当我作为任天堂美国公司的新任总裁首次前往

京都访问时，岩田先生邀请我与他一起共进晚餐。对我来说，这是一个巨大的荣誉。我知道岩田先生很少和下属一起出去吃饭。我们去了京都最负盛名的餐馆。日本的食物具有浓厚的艺术气息，是为我们提供视觉、嗅觉的盛宴。通常，餐桌上会有六七道精致的小菜。那天晚上，我品尝了生鱼片、京都河鱼以及时令蔬菜。

我们分享了童年故事。聊到小时候都读过的整套家庭百科全书时，我们两个哈哈大笑。我当时读的是一套26卷的《世界图书百科全书》（*World Book Encyclopedia*）。我们讨论了生活的激情以及一起走过的旅程。突然，岩田先生对我说："雷吉，我们真的很像。"

"岩田先生，此话怎讲？"岩田先生既是世界级的游戏开发者，也是任天堂公司的第4任全球总裁。我只是一个傲慢的市场营销人员和颠覆者。

"雷吉，员工会在任天堂公司待很长时间。我们其实都是局外人。"岩田先生2000年加入任天堂，2002年成为全球总裁，"我们面临很严峻的挑战：如何理解和保持公司现有的文化，同时推进公司稳步发展？我希望你真正地倾听员工的意见。我希望你在推进你的想法之前，可以试着去理解员工的观点。你做事雷厉风行,甚至整个任天堂公司日本总部的员工都想取悦你。你常常有不错的点子。但你并不总是正确的。请你做决定之前一定要考虑一下别人的看法。"

这次谈话意义深刻。岩田先生继续对我说:"我也必须这么做,我正尝试以一种新的方式推动任天堂的发展。但是,宫本茂先生还有其他高管已经加入公司很久了,我需要让他们站在我这一边。"

这次晚宴结束后,岩田先生与我从老板与下属、导师与学徒的关系转变成了朋友关系。我会努力把他的建议融入我未来的工作中,无论是在任天堂还是其他地方。

> **小贴士**
>
> 领导者必须培养自我意识。作为领导者,你必须通过推动你的想法并给团队成员提出挑战来使他们超越自我。最好的领导者应该征求他人的意见,并在此基础上不断改进。你不能永远沉溺在自己的想法中,丝毫不吸收他人的观点。

WII 发布

作为任天堂美国公司的新任总裁，我做出的第一个关键决定是发布 Wii 游戏机。尽管我们在 E3 大展上取得了成功，但是任天堂并没有透露产品的细节、发布的具体日期、价格以及可玩的游戏，这些都需要我来决定。我们把 2006 年 9 月中旬定为 Wii 的发布时间，然后开始与各位高管商讨具体的细节。

岩田先生和我很快达成一致，我们同意首先在美国推出 Wii 游戏机。这一策略对任天堂 DS 很管用，此外美国黑色星期五购物节提供了重要的商业驱动力。但是这样的驱动力在日本和欧洲并不存在。我们还一致认为，任天堂美国公司可以得到产品初始供给中最大的一部分。

但是就像 E3 大展上的展示一样，我们就如何更好地利用《Wii 运动》来为公司创造利益而产生了分歧。我们都知道《Wii 运动》这款游戏充满魔力。我们的宣传完美地突出了 Wii 遥控器可以改变游戏玩法以及扩大客户群体的优点。同时日本任天堂公司的开发团队给游戏增加了一些新的元素，使游戏更有深度，更能满足富有激情的游戏玩家。他们在游戏中加入了竞争元素，鼓励多人一起参与游戏。

我主动提出将《Wii 运动》与 Wii 游戏机一起打包售卖，这样每位消费者都可以享受到这一伟大的创新。我提出这个建议后，岩田先生沉默了很久，这样的沉默足以让我注意到他办公室里白炽灯发出的微弱的嗡嗡声，我感觉到有一丝不舒服。"雷吉，"岩田先生开口说道，"任天堂不会免费送出珍贵的游戏内容。我们努力工作，创造特别的游戏体验，正是这样独特的游戏软件促使消费者购买我们的硬件。我们期望可以在未来很长的一段时间内都一直销售这些游戏，所以我并不赞同将《Wii 运动》与 Wii 游戏机一起打包售卖。"

"岩田先生，我明白游戏的价值，也知道独特的游戏一直都是任天堂的特色。但是在电子游戏的发展史上，Wii 游戏机代表了与众不同的概念，它专注于新的游戏玩法，致力于把游戏从小众市场扩展到大众市场。《Wii 运动》有能力完成这一目标。《Wii 运动》也可以把所有玩家统一起来，可以成为人们购买游戏机、立马获得乐趣的关键动力来源。"

"此外，岩田先生，我知道任天堂有打包软件售卖来推动硬件销售的先例。"从我个人经验来说,我是知道这个销售策略的,因为我买的 SNES 就是捆绑产品,其中包括《超级马力欧世界》。

这仅仅是一场持续数月的讨论的开始。即使在说服岩田先生,让他明白这是正确的销售策略后,我也需要征得游戏开发主管宫本茂先生的同意。在 2006 年 7 月的京都之行中,我看到了一款新游戏,那时我便知道我要取得进展了。

"雷吉,我们明白你的观点,你认为在 Wii 游戏机推出时,我们需要一个强大的游戏软件来支持发售。"宫本茂先生在与岩田先生以及迈克·福田学会面时,通过翻译表达了自己的看法:"请看一下这款游戏,我们建议用它来代替《Wii 运动》。"开发团队接着向我展示了《第一次的 Wii》(*Wii Play*)[①] 的早期版本,里面包括了一系列不同的迷你游戏,同时也可以展示 Wii 遥控器的功能。这里面的一些游戏早先在 E3 大展上展示过,此后进一步进行了更新。

这些游戏十分有趣,其中有射击体验游戏,还有乒乓

---

① 《第一次的 Wii》于 2006 年 12 月发售,内有 9 种迷你游戏和 1 个 Wii 遥控器,为初次玩 Wii 的玩家所设计,令他们可以轻松上手,更快地学会操纵 Wii 遥控器。

球游戏以及台球游戏，但是缺乏《Wii运动》的主题凝聚力。这些游戏就像棉花糖：只能带来一时的快乐，却无法使人长久充实。

"宫本茂先生，这些单独的小游戏很有趣。我可以看到开发团队改进了之前在 E3 大展上的游戏体验，此外这些小游戏可以很好地利用 Wii 遥控器的特性，"我说道，"但是这些游戏并不像《Wii运动》那样能让人拥有完整的游戏体验，我认为把这些小游戏与 Wii 游戏机一起打包售卖的效果与《Wii运动》的是截然不同的。"

"实际上，我有一个不同的想法。也许我们不应该把这些小游戏与 Wii 游戏机一起销售，相反我们应该把这些小游戏与 Wii 遥控器捆绑售卖，增加配件的销量。"

福田学先生加入了讨论，他用日语发言。我迷茫地看着岩田和宫本茂先生的神情，随后听到了英文翻译："雷吉是对的,《Wii运动》做得更好，可以实现我们的目标，让消费者快速地了解到 Wii 游戏机。此外这些迷你游戏并不是完全成型的游戏，在市场上我们无法全价售卖。我们应该考虑如何最好地利用这些软件来实现目标。将这些游戏与 Wii 遥控器一起销售看起来不太符合常规，但是这会让消费者手里拥有更多的 Wii 遥控器。"

因此，现在福田学先生和我试图就两个不同的捆绑销售方案达成一致，但是全世界最出色的游戏设计师并不高兴。宫本茂先生一直挂在脸上的微笑以及他那高深莫测的眯眯眼都不见了。"设计出人们喜欢的游戏会面临哪些挑战？你们俩都不太了解。我们现在不断推动自己面对这些挑战，"宫本茂先生说道，"我们不会把设计好的游戏送出去！"

然而岩田先生已经对我们的想法产生了兴趣。"宫本茂先生，我相信福田学先生和雷吉先生可以看到开发者付出的努力，他们正在努力解决与日本市场不同的状况。"岩田先生继续解释了任天堂美国公司面临的市场环境，即西方与日本表现良好的游戏分别是哪些。他还解释了微软的第 2 代家用游戏主机 Xbox 360 是如何在 2005 年刚推出时在西方市场获得良好表现的。很明显，我们做到了让日本的任天堂高管了解我们的业务需求。

在这次会议以及随后的多次会议上，我们并没有就销售方案达成一致。但是我们最终取得了宫本茂先生以及岩田先生的同意，他们允许我们将《Wii 运动》与 Wii 游戏机在西方游戏市场上打包售卖，但是在日本市场上他们将把《Wii 运动》单独售卖。

这个办法最终完美地测试了在不同国家两种不同的销售方案。Wii 游戏机的销量打破了全球纪录，但是在美洲和欧洲表现得最好。正是在西方市场上，无论是酒吧、疗养馆还是游轮上都出现了《Wii 运动》的竞技比赛。将《Wii 运动》与硬件捆绑售卖是一个很勇敢的决定，但是事实证明，这也是一个正确的决定。

把《第一次的 Wii》和 Wii 遥控器捆绑销售也是一个正确的决定。这种捆绑销售在全球范围内推出，其中也包括日本，由此这些游戏成为 Wii 历史上第五畅销的游戏。

小贴士

好的领导者愿意不断做出艰难的决定，倾尽全力为之努力而不逃避。在做出艰难的决定之前，要从不同的角度思考问题，但还是要做出最终决定，并且承担后果。

勇于承担

在 Wii 游戏机以及任天堂 DS 的生命周期内，我们做出过很多勇敢的决定。例如，我们决定在 2008 年和 2009 年大幅度提高这两款游戏机的产量。由于交货时间的限制，这个决定必须要提前一年做出！这意味着，要树立起连续两年在全球范围内销售 2000 万台的信心，做出这个决定需要深刻的商业洞察力和非凡的勇气。

另一个勇敢的决定是任天堂美国公司在 Wii 游戏机中提供网飞（Netflix）视频功能。2009 年我们初步有了这个想法时，网飞仍然处在向数字平台过渡的早期，他们不再继续单单基于光盘的 DVD 订阅业务。Wii 游戏机没有 DVD 功能，所以我们确信数字订阅的方式会给网飞带来规模效益。我们只在北美地区把网飞加入 Wii 游戏机中，因为当时网飞的欧洲市场相对较小，甚至在日本基本上没有市场。任天堂公司日本总部的高管并不了解这个潜在的商业机会。

在这一点上，任天堂美国公司不仅以勇敢的决策闻名，更是以正确的决策而闻名。在任天堂公司日本总部的支持下，我们宣布网飞于 2010 年 1 月加入 Wii 游戏机。网飞以及《Wii 运动》游戏的加入使 Wii 游戏机成为市场上家庭电视的首选游戏机，直到今年的假日季，Wii 游戏机的销量仍然是电子游戏史上最大的。

领导者常常会做出艰难的决定。这是因为在运作良好的组织中，不同的员工被赋予了不同的权力，更容易的决定常常可以由底层做出。艰难的决定常常是一个十分棘手的问题，具有深远的影响，这都需要领导者来决定。

领导者并没有预知未来的水晶球，他们事先并不知道某个决定是否会成功。但是他们会广泛地讨论这个问题，获得不同的观点，最后他们会做出决定并承担后果。岩田先生建议我首先寻求各方的观点，然后做出决定。对我来说，他的这一建议是我学习到的重要经验。

十四 拨云见日

电子游戏行业的独特之处在于，如果想获得成功，公司必须保持稳定的创新步伐。通常情况下，任天堂美国公司每年会推出 50 多款新产品，其中包括新的游戏、新的配件和新的硬件。这样的速度令人难以置信。要成功做到这一点，公司需要有一种专注于创新的文化：持续用与众不同的方式思考，让消费者、商业伙伴以及员工感觉到惊喜和愉悦。

任天堂 DS 以及 Wii 等电子游戏硬件每 7 年就要进行

一次颠覆性的更新换代。2010年，任天堂努力进行下一次的创新。公司需要更引人注目的产品来接替任天堂DS，当时这款设备的销量已经超过1亿多台。任天堂考虑了消费者的不同需求，开始研究如何能把这些需求变为现实的技术。

消费行为

在与游戏开发者讨论时，我们围绕的核心是消费者的3个主要行为，这些行为可能促进游戏玩法的创新。

第一是将消费者连接起来的大趋势。最初这一趋势是因为智能手机的广泛应用而出现的，随着无线网络通信技术（Wi-Fi）的普及，网络互联互通迁移到了消费者的不同设备中。当设备持有者可以连接到互联网时，我们可以通过互联网给消费者提供更加新奇的游戏体验。这与我们的信念相吻合，我们相信消费者希望通过更新换代不断获得惊喜。

第二，消费者希望可以随时随地玩直接下载好的内容。这些有的是大型的、体验齐全的游戏（行业内常称之为 AAA 游戏①），有的是很小型的游戏，主要以手机游戏为主。我们相信，为消费者提供多样体验的任天堂游戏商城将会把我们与目前市场上 PlayStation、Xbox、苹果（Apple）或谷歌（Google）等游戏供应商区分开。由于之前的目标是取代任天堂 DS，便携性是我们的一大特色，这是其他竞争对手所没有的优势。

第三，我们发现消费者渴望 3D 游戏。20 世纪 50 年代以来，3D 电影不断出现在电影院里，但早期的 3D 体验很差。20 世纪 80 年代，许多大型电影，如《大白鲨》（*Jaws*）和《13 号星期五》（*Friday the 13th*）为观众带来了新的视觉体验，但 3D 感觉更像是一种附加体验，而不是一种核心元素。当看到鲨鱼跳到腿上或刀片出现在脸上时，3D 的效果会让观众发出阵阵尖叫。直到《阿凡达》（*Avatar*）取得巨大的商业成功以及电影院开始巧妙地使用新型 3D 眼镜后，3D 技术才得以蓬勃发展。2010 年，电视制造商开始销售 3D 电视，其他领域的开发者们逐渐利用这项技术

---

① AAA（读作"3A"）游戏为电子游戏产业中的一个分野，没有准确的定义，一般认为是指投入高制作费用与高营销成本的游戏。其中营销成本也是巨大的开销，宣传费用甚至可能超过制作游戏本身的花费。

制作出了更多的东西。

在 3D 技术的应用方面，任天堂有一段漫长而复杂的历史。20 世纪 90 年代初，任天堂着手研发可以沉浸在 3D 世界中玩的游戏，研发有两个不同的方向：将传统的游戏机技术与视觉艺术相融合，推出了任天堂 64；运用新的立体光学技术，1995 年推出虚拟男孩（Virtual Boy）[①]。

虚拟男孩非常有趣，但它一直没有得到完整的开发。把这款设备放在桌面上，玩家用额头抵在带罩的目镜上，然后可以看到红、黑两色的图像。我从来没有玩过虚拟男孩，直到有人将它作为礼物送给了我。我不知道这款产品推出时玩家的体验如何，但我的体验非常差。任天堂为这款设备研发了少数几款游戏，并且很快就放弃更新了。虚拟男孩成了任天堂失败的商业案例。开发虚拟男孩的资源很快便被重新分配到开发任天堂 64，以及开发运用 3D 多边形视觉效果的沉浸式开放世界游戏。

但是任天堂从未放弃过沉浸式 3D 游戏的研发。任天

---

① 虚拟男孩是由横井军平设计的桌面台式 32 位游戏机，由任天堂于 1995 年发布，被称为"第一个能显示立体 3D 图像的游戏机"。玩家可以像头戴式显示器一样使用游戏机，将头抵在游戏机目镜上可以看到红色单色显示屏显示的游戏画面，游戏采用视差原理产生立体 3D 效果。

堂尝试了各种技术，希望可以给玩家提供真正的3D视觉体验，而且不需要佩戴额外的设备或笨重的眼镜。2010年，我们成功地将液晶屏幕的成像技术、更快的图形处理速度、能为高端游戏和视觉效果提供动力的芯片组合在一块。2010年3月，我们宣布推出任天堂3DS（Nintendo 3DS）[①]，随后岩田先生和我在2010年6月的E3大展上向粉丝们展示了这款设备。

眼见为实

任天堂3DS是有史以来最畅销的便携式游戏机之一。在E3大展的演讲结束时，我们安排了150多名演示人员走进观众席，向观众展示这款设备，加强了任天堂3DS"眼见为实"的产品定位。演示非常成功。我们还展示了《超级马力欧》和《塞尔达传说》系列的新游戏，但观众们最感兴趣的还是任天堂64上的新游戏，因为这些

[①] 任天堂3DS是任天堂于2011年推出的第4代便携式掌上游戏机，即任天堂DS的后续机种。其最大特点是利用了视差障壁技术，让使用者不需佩戴任何特殊眼镜即可裸眼感受到立体3D图像效果。

游戏将以真正的 3D 技术重新制作。电子游戏史上最伟大的游戏之一《塞尔达传说：时之笛》(The Legend of Zelda: Ocarina of Time)[①]让观众早早就兴奋起来。这是虚拟男孩和任天堂 64 并肩发展 20 年后的结合体。

我对任天堂 3DS 展现出的增强现实（AR）效果感到兴奋。技术专家一直在谈论虚拟现实（VR）的潜力。但到目前为止，VR 游戏的内容和体验都没能兑现。任天堂 3DS 通过设备背面的两个摄像头实现了 AR 游戏功能，此外我们还把 AR 作为游戏定位的一部分。但最重要的是，AR 游戏体验充满乐趣，同时这也证明了 AR 在未来游戏中有大展身手的机会。例如，2016 年，任天堂面向全球 iOS 和安卓用户推出了《宝可梦 GO》(Pokémon Go)，这款游戏拥有超过 10 亿的下载量和 1.5 亿多的月活跃用户。

2010 年秋季的 E3 大展以及其他活动都在为任天堂 3DS 的推出造势，但这也使我和岩田先生之间再次出现了重大分歧。在 2010 年 12 月的一次会议上，我们审查了所

[①] 《塞尔达传说：时之笛》是一款发售于任天堂 64 的动作冒险游戏，由任天堂情报开发本部负责开发，为任天堂 64 主机上第一款《塞尔达传说》系列作品，《塞尔达传说：时之笛 3D》(The Legend of Zelda: Ocarina of Time 3D) 是该系列第一个 3D 化作品。

有即将推出的游戏，结果却令人十分失望。任天堂只有两款游戏准备推出。我们的开发伙伴（EA和动视）只有另外约15个游戏会在第一天发售。我们计划从2011年3月到假日销售季这段时间持续推动销量的增长，但是显然我们做不到。此外，《塞尔达传说：时之笛3D》这款西方游戏市场最火爆的游戏也不能保证按时发布。

创新代价

我们从讨论游戏的时间安排转到讨论新设备的定价策略。"岩田先生，"我说道，"在考虑定价时，我们需要顾及任天堂3DS的定位。虽然我们向玩家提供了非常有趣的3D游戏体验，而且未来的潜力也很大，但由于推出的游戏数量有限，我很担心我们目前的决策不当。我认为我们需要更恰当地定价，在美国市场上，我们应当将新设备定价为199美元。"

"雷吉，"岩田先生感叹道，"直到现在，我们都一直在讨论定更高的价格。你知道这款设备的制造成本很高。此外我们需要保证公司目前市场上的其他产品仍可以持续销售，为了保护 Wii 和任天堂 DS，我们需要为新的设备定更高的价格。"

当时，Wii 在美国的售价为 199 美元，但我认为有必要降低价格。当时我们正在讨论一个改版的 Wii 硬件，这个版本将减少互联网连接等功能，但这对市场而言没有太大吸引力。如果拥有完整功能的 Wii 定价为 149 美元，并最终降至 99 美元时，会开拓一个全新的销售市场。Wii 最终会取代 PlayStation 2，成为有史以来最畅销的系统。

"雷吉，你知道的，我们很难降低 Wii 的定价，"岩田先生说，"尽管 Wii 的销量已经超过了 8000 万台，但 Wii 和遥控器组件的开发成本仍然很高。我们很可能永远无法把价格降到你想的那样低。"

> **小贴士**
>
> 创新有多种形式，包括基于价格的创新。以可接受的价格向广大消费者提供独特的捆绑销售方案，这可以颠覆整个市场。大脚比萨做到了这一点，定价为 99 美元的全功能 Wii 游戏机也能做到这一点。

摇摆失误

现在不是讨论设备定价的时候。我意识到,这些讨论需要谨慎巧妙地处理,正确的时机对实现预期结果来说至关重要。在这次讨论中,我需要确保我们可以更加有效地推出任天堂 3DS。

"岩田先生,我们可以下次再讨论 Wii 的定价和整体计划。现在,我想确保我们以更加有效的方式推出任天堂 3DS。我们都知道,任天堂的粉丝会在发布会上购买我们的新设备。他们很喜欢我们的游戏,相信我们总是能提供不错的游戏。但由于智能手机的功能越来越丰富,我们也面临着越来越大的压力。我们计划以高于上一代任天堂 DS 的价格推出新的任天堂 3DS。我们需要考虑所有的因素。我希望任天堂 3DS 能取得长久的成功,我坚信 199 美元的首发价格是我们实现这一目标的最佳机会。"我向他再次强调了我的观点。

"雷吉,我们将在几周内宣布发售细节。让我再考虑一下你的建议,同时也与其他高管讨论一下。到 2011 年 1

月初，我们再讨论这个问题吧。"

圣诞节后，我们在京都再次召开会议。"雷吉，我知道你想以 199 美元的价格推出任天堂 3DS。但对我们来说，这个价格的经济效益很低，几乎是不可能有盈利的。你知道我们不喜欢在硬件上赔钱，你能否再考虑一下 219 美元或 229 美元这样的发售价？"

这样的定价对西方市场是没有吸引力的。在日本以外的其他国家，定价管理的方式是不同的。在西方市场，公司只能建议零售价格，而不能决定价格。在一些欧洲国家，制造商甚至不能与零售商讨论定价。

此外，在西方市场，零售商更喜欢将价格定在 100 美元以上，并且以 49 美元或 99 美元结尾。因此，任天堂 3DS 的价格应定为 199 美元或 249 美元。

硬件的零售利润率通常很低，大约为 4%。因此，即使我们将价格定为 219 美元或 229 美元，零售商也有可能自行将价格提至 249 美元，获取更高的利润。因此我们将可能错失利润最大化的机会，因为零售商在面对任天堂下一代产品时，绝不仅仅满足于 4% 的利润率。

基于这些现实状况，我不能同意岩田先生的要求。

"不,岩田先生,219美元或者229美元的定价并不能让零售商获得预期的利润,我们需要将价格定在199美元或者249美元,并且我强烈建议定价为199美元。"

岩田先生摇了摇头。"不,199美元是不可能,定价应该为249美元。"

就这样,我们终于做出了决定。现在我的工作是尽我的所能,办好这次新品发布会。

> **小贴士**
>
> 我从"打击率"(Batting average)[①]的角度思考如何制订决策,同时推广颠覆性的理念。我考虑了两组数据:基于市场结果的好决策或者坏决策的数量;我的想法得到支持或者反对的数量。
>
> 伟大的领导者在这两方面都有很高的打击率。我力争在决策方面的打击率达到75%,在销售理念方面的打击率达到95%。但是这样的目标还是比较高,我并不是每次都可以达到。
>
> 不过,没有人能达到100%的打击率。不是每一个决策都是正确的,也不是每一次在会议中大家都会支持你的想法。

---

① 打击率是棒球运动中评量击球员成绩的重要指标,由于打击率颇能反映出打击者的打击能力,不论短期赛还是长期职棒赛,都把该队打击率最高的球员视作"打击王",并设奖项鼓励。

> 在我看来，无法说服领导层把任天堂3DS的上市价定在199美元是我在任天堂最大的失败。如果用打棒球做比喻，这好比是我三振（Strikeout）出局[①]。但是当你学到技巧，努力挥棒时，你会有更多的命中机会。

这可能是岩田先生和我无法达成一致的极少数决定之一。任天堂公司日本总部的高管并不理解西方市场的整体情况：从媒体格局到新兴电子商务以及全渠道的零售环境等，这一切他们都不了解。

我多次与京都各部门的高管沟通，以加强他们对日本以外的国家的市场业务的理解，我还请求岩田先生让我加入任天堂全球执行管理委员会。

弥补差异

当时，任天堂还保留着古老的日式管理结构。董事会由2—3名代表董事以及2—3名外部审计员组成。董事会

---

① 指棒球或垒球比赛中，击球员三击不中后被判出局。

并不经常一起开会，真正做决策的是公司的执行管理委员会。这个小组的成员包括：岩田先生、宫本茂先生、全球首席财务官［我刚加入公司时，由森义弘（Yoshihiro Mori）先生担任；2013年君岛先生从任天堂美国公司调到任天堂公司日本总部后，他接任了森义弘先生的职位）］、全球品牌授权兼日本销售及营销负责人［波多野信治（Shinji Hatano）先生］以及硬件研究和开发的负责人［竹田玄洋（Genyo Takeda）先生］。

这个小组每隔一周开一次会，讨论公司的长期和短期战略。这个决策小组对游戏业务以及任天堂的理念有很深的理解，但对西方市场的商业状况知之甚少。正是这个小组决定把任天堂3DS的发售价定为249美元。

我希望岩田先生可以在小组决策时考虑到西方市场的具体情况，他理解这种需求，但总是推托。君岛先生担任任天堂美国公司总裁期间，每个月都会前往日本与执行委员会成员会面。他会分享任天堂美国公司取得的成果，但是对我来说，我需要更细致地了解业绩的关键驱动因素，了解未来市场上的潜在问题及解决方案。

到最后，岩田先生也没有让我加入执行管理委员会。

岩田先生去世后，君岛先生成为任天堂的全球总裁。他改变了公司的组织结构，创建了全新的执行委员会。我是第一位加入这个委员会的美国人。

> **小贴士**
>
> 有效开展全球业务需要了解市场的复杂性。没有一个人可以单打独斗。这时候你需要得到对当地市场有深入了解的领导者的帮助，这些领导者对其他市场及其商业惯例都保持着好奇心。全球领导者应该努力了解他们各自地区独特的业务模式和消费者偏好。然后，寻求共同点，尽可能地找到最佳的全球解决方案。

任天堂 3DS 于 2011 年 2 月底在日本发布，同年 3 月底在西方市场发布。消费者进行了火热的预购，在发售的前几周里，销售情况非常乐观。截止到 2011 年 3 月底，任天堂 3DS 在全球范围内已经售出超过 360 万台。在当时，这是销量最好的游戏设备。最有意义的是，当时还不是圣诞节假期的销售旺季。但此后不久，销售增长逐渐放缓。跟我预测的一样，最忠实的粉丝会最先购买该系统，但在更广泛的潜在市场里,大家仍然持怀疑态度。高昂的价格以及缺乏软件的支持使这款设备在全球范围内缺乏吸引力,这造成了一定的损失。

重大转折

在2011年4月和5月,岩田先生和我就下一步的行动策略进行了多次交谈。目前我们有很多优秀的游戏软件在研发当中,其中包括:《星际火狐64 3D》(Star Fox 64 3D)、《超级马力欧3D乐园》(Super Mario 3D)、《马力欧卡丁车7》(Mario Kart 7)和《塞尔达传说:时之笛3D》,以及授权方提供的《生化危机》(Resident Evil)、《FIFA》(FIFA)、《模拟人生》(The Sims)等游戏的新版本。但是我们的计划之一是要降价。于是,我们又一次讨论降价的问题。

"岩田先生,我认为50美元的降价足以刺激消费者。我们应该在初秋时节就这么定价,因为那时我们会发布一些新的软件。在软件发布前,我相信我可以让零售商支持任天堂3DS。"

"雷吉,我知道你能处理好与北美零售商之间的关系。

你的团队在管理预期方面做得很好,保证了零售商有合理的库存。但是其他国家和地区市场的情况非常糟糕。零售商有大量库存。现在他们正在要求我们接受这些库存退货。"

这是一个棘手的状况。理想的退货情况是,你希望零售商们退回完整的硬件,但零售商会想着退回所有库存,包括散件。这会损坏产品,我们将无法以全价再次出售。

"岩田先生,执行这样的计划是错误的。即使只是针对一个地区,这也会给全球市场带来麻烦。这个计划不可以继续下去。"

"雷吉,为了阻止其他市场的零售商采取同样的动作,我们需要迅速、果断地采取行动。我们可能需要采取更加激进的战略,降价幅度要超过 50 美元。"

"岩田先生,我们可以更激进一些,但这将影响我们在全球的利润。如果我们过早降价,还需要考虑到早期购买硬件的忠实粉丝,不能让他们觉得我们在欺骗他们。"

因此,我们设计了"任天堂 3DS 大使计划"(Nintendo 3DS Ambassador Plan),即早期购买者可以免费下载 10 个

NES 游戏以及 10 个 GBA 游戏。在美国市场，我们还采取了大幅降价 90 美元的策略，硬件的价格降至 169 美元。2011 年 7 月底，我们就采取了这一行动，这时距离上市仅仅过去了 4 个月。

这是一个巨大的转折点，虽然使任天堂损失了数百万美元的利润，却改变了任天堂 3DS 的长期发展轨迹。从 2011 年假日开始，这款设备一直热卖。同时我们也能控制零售商和粉丝因为降价而引发的不满情绪。

这整个经历使我更加认识到，在面临问题或机遇时，我们必须果断采取行动。我们没有让任天堂 3DS 糟糕的销售业绩持续。相反我们迅速决策，制订计划，采取行动，也出色地实施了计划。

这一事件也让我们明白，我们必须充分考虑最佳的、长远的消费者需求。通过实施大使计划，即使在硬件利润被大幅削减的情况下，我们仍然能团结任天堂 3DS 的忠实粉丝，他们仍然是这款游戏机的支持者。在社交媒体上，粉丝对我们的游戏给予了积极评价。

> **小贴士**

在制订新方案时,没有哪位高管能做到完美。某些时候,某些想法会被市场验证失败。

不要因为失败变得过于谨慎。尽管这可能是人之常情,但你可能颗粒无收。

带着承担风险的意愿,继续向前迈进,要积极进取,要不断颠覆,取得创新。

十五 巨大转变

在准备发布新一代任天堂 3DS 的同时，我们也在规划下一代家用游戏机。在进入市场的最初 4 年里，任天堂 Wii 游戏机便打破了销售记录。但现在已经是第 6 个年头，Wii 的销量显著放缓。刺激销售最常见的策略已经用过了：价格从 199 美元降价到 149 美元；颜色也由黑色变为红色。研发接替 Wii 游戏机的下一代硬件才是我们真正需要做的事情。

未雨绸缪

任天堂的创新理念是关注新的游戏体验,这些体验可以让玩家开心,但现有的硬件又无法满足这样的体验。与此不同的是,电子游戏领域的竞争对手优先考虑的是技术,比如清晰度更高的显示效果以及更强大的计算能力。

我们想推出一款新的设备,玩家可以从比较大的电视屏幕无缝过渡到新的手持设备。我们知道,在大多数家庭中,客厅的电视大屏幕都是大家争夺的对象。我们的设备将结束争夺,因为玩家可以迅速把游戏从大屏幕切换到手持设备的屏幕上。

我们还看到了带有触摸屏的控制器所具有的潜力,玩家可以在游戏菜单之间来回切换,快速访问游戏里的不同选项。这将节省空间,当然,电视屏幕也可以用来显示美丽的游戏画面。

最后,我们还设想研发可以在手持游戏机和电视之间进行的游戏。想象一下,你可以把飞镖从手持屏幕弹到电视显示的镖靶上。

任天堂的开发人员对这些内容感到非常兴奋。同样，来自 EA 和育碧娱乐公司（Ubisoft Entertainment）等独立公司的开发者也非常兴奋。

在 2011 年 6 月的 E3 大展上，我们推出了新设备 Wii U（Wii U）[①]。最初反响还算不错，但大家都很困惑，不确定这是真正的新设备，还是只是 Wii 的新控制器。我们只是界定了大体的概念，但没有拿出真正的游戏来突出设备的功能。

在那之前整整一年的时间中，任天堂的粉丝都在激烈地讨论这些问题，一直到 2012 年的 E3 大展。我们听到了粉丝之间的不少议论，决定积极宣传 Wii U 的优势。我们创建了一个全球直播平台，在展会开始之前就接触到了数百万的消费者。直播内容深入地探讨了新的设计方案，强调新设备将提升生活质量，例如可以视频聊天以及管理来自有线电视、网飞和亚马逊视频（Amazon Instant Video）上的"所有视频内容"。这些都是我们从任天堂 DS 和 Wii 的经验中吸取的教训，当时我们参考了《蓝海

[①] Wii U 是任天堂于 2012 年 12 月发售的高清电视游戏机（HD 家用游戏机），是 Wii 的后续机种，别名"我们和你们"（We & You）。其下一代产品即任天堂 Switch。

战略》和《创新者的窘境》两本书中的观点来传达我们的战略。

在实际的 E3 大展中,我们向观众重点展示了 Wii U 完整的内容。对于任天堂粉丝最喜爱的游戏,如《皮克敏》(Pikmin)①、《超级马力欧》和《塞尔达传说》,我们都进行了展示或者播放了精彩的预告片。不仅如此,我们还预览了来自开发伙伴的精彩内容。接下来的一周,我与吉米·法伦(Jimmy Fallon)在深夜节目中再次着重展示了 Wii U。玩家的积极反响也越来越多。

Wii U 在 2012 年感恩节前夕推出。不出意外,刚开始的销量不断上涨。在北美地区推出的 6 周内,我们便销售了约 90 万台。但从 2013 年年初开始,销售量逐步放缓。背后的原因是缺乏刺激玩家购买设备的游戏软件。虽然 Wii U 在美国发布了 23 款游戏,但没有一款游戏是粉丝必不可少的。这些游戏都很有趣,但消费者并没有马上购买的动力。

---

① 《皮克敏》是一款由宫本茂设计、任天堂开发的即时战略电子游戏,以通过指挥一群名为"皮克敏"的植物状生物,搜集道具、破坏障碍并和巨大怪物战斗作为游戏主要内容。

苦苦挣扎

《马力欧卡丁车》和《塞尔达传说》的新版本要到2014年或者更晚才能发布，再加上Xbox和PlayStation的新游戏机将在2013年的假日推出，Wii U的销量难以再次增长。

我们再一次面临一个必须立即解决的问题。Wii U推出了两个版本：内置8 GB闪存的白色版本，售价为299美元；内置32 GB闪存的黑色版本，售价为349美元，其中还捆绑了我们曾在2012年E3大展上介绍过的游戏《任天堂乐园》(Nintendo Land)。我们希望这款游戏能像"Wii运动"一样成为卖点，但我们的期望落空了。我们没有足够的产量来支持两个不同的零售版本，即使价格更高，黑色套餐版的销量大大超过了白色版本。

于是在北美，我决定取消Wii U白色版本，增加黑色版本的产量。2013年夏天，我们把黑色套餐版的价格降低至299美元。我们与任天堂公司日本总部合作，开发出独特的产品，吸引北美玩家，其中包括带有塞尔达图形元素的硬件、游戏《塞尔达传说：风之杖 HD》（*Legend of Zelda: The Wind Waker HD*）①、《新超级马力欧兄弟》（*New Super Mario Bros*）以及《新超级路易吉 U》（*New Super Luigi U*）②等的额外游戏内容。

推出独特的硬件并将其与游戏软件捆绑售卖，这在电子游戏行业是典型的营销模式。但在发行一年内就不得不采取这些策略还是闻所未闻的。很显然，没有足够的产品策略和定价策略可以让 Wii U 在 5 年多的生命周期内持续保持活力。

> **小贴士**
>
> 陷入困境的企业需要果断采取行动。当周围的情况恶化时，你没有太多的时间犹豫。
>
> 坚持原则，坚守企业的基础。稳定局势，为下一次创新做准备，推动企业成长。

---

① 《塞尔达传说：风之杖 HD》是由任天堂情报开发本部开发、于 2013 年 9 月发售的动作类角色扮演游戏。

② 《新超级路易吉 U》是一款由任天堂在 Wii U 上制作的横向卷轴类游戏，为《新超级马力欧兄弟 U》的外传作品，以追加下载内容及盒装版游戏两种方式进行销售。

解决问题

我主要关注两个方面的问题。

第一,在任天堂美国公司,我们努力保证零售商积极参与 Wii U 的销售。同时我们计划推出新的游戏软件:任天堂第一款多人参与的射击游戏《斯普拉遁》(Splatoon)[①]。这款游戏具有战略意义。它利用数字网络平台,使玩家能在全球范围内相互竞争。这款游戏也进入了西方射击游戏排行榜上,带有浓厚的任天堂特色:玩家在游戏中并非射击子弹,而是射击五颜六色的墨水块;游戏的目标是用墨水覆盖更多的区域,而不是简单地攻击对手。我们曾设想,这会是公司伟大的独家游戏,能把我们带入电竞领域。我成功说服了岩田先生和君岛先生,他们愿意提供更多的营销资金支持这次游戏的发行,最终这款游戏的销量大大增加。

第二,明确找到 Wii U 存在的问题,把相关经验应用

---

① 《斯普拉遁》是由任天堂开发并发行的第三人称射击游戏系列,于 2015 年 5 月在 Wii U 平台发行。

到即将推出的下一代家用游戏机上。有些问题非常清楚，比如任天堂开发的游戏没有按时发布。延迟意味着 Wii U 的买家无法及时得到新的游戏内容。消费者购买硬件是为了获得独特的游戏体验，这是行业常识。然而我们并没有按照预期发布新的游戏，总是推迟。

与这个问题相关的是，缺乏来自独立开发者的合作。主要问题集中于我们的开发工具。因为在历史上任天堂一直依赖内部开发工具，这样可以保证硬件创新的保密性。公司很少与外部开发工具供应商合作。如今行业已经发生改变，现在有了专门研发开发工具的公司，如联合引擎（Unity）[①]和虚幻引擎（Unreal Engine）[②]，他们掌握着一流的技术。他们不断地更新开发工具，与他们合作将有助于加快任天堂创新的速度。这些工具被数以千计、大大小小的开发者使用，可以保证内容的稳定性。我们必须

[①] Unity 是一种跨平台的 2D 和 3D 游戏引擎，由联合科技（Unity Technologies）研发，可开发跨平台的电子游戏。除可以用于研发电子游戏之外，Unity 还广泛用作建筑可视化、实时三维动画等类型互动内容的综合型创作工具。

[②] 虚幻引擎是一款由史诗游戏公司（Epic Games）开发的游戏引擎。该引擎主要是为开发第一人称射击游戏而设计，但现在已经被成功地应用于开发潜行类游戏、格斗游戏、角色扮演游戏等多种不同类型的游戏。

改变工作方法，将这些工具纳入我们未来系统的开发架构中。

在Wii U的发布过程中，我们发现了一个关键的因素。许多玩家告诉我们，他们喜欢在电视大屏幕上玩游戏，同时也希望可以过渡到Wii U游戏机面板上玩游戏。但游戏机面板需要在距离Wii U主机6—9米的范围内，游戏机面板和主机之间不能有物理障碍，满足这些条件无线连接才可以运行。一旦玩家离主机太远或与主机之间有障碍物，游戏面板就会失去连接，这让玩家感到沮丧。

推出Switch

敏锐观察到这样的需求后，我们把任天堂新一代设备的代号定为NX。我们将为玩家提供混合主机，玩家可以在电视大屏幕获得游戏体验，同时游戏机也非常便于携带。这满足了玩家的一项重要需求：当离开家去上班、上学或约会时，也不必停止在游戏里的冒险。在一次研发会议上，我向京都团队传达了玩家的诉求，即大家想能随时随地玩游戏。这也成了NX的核心定位。

在 2014 年至 2015 年期间，我与岩田先生和负责 NX 的开发团队进行了多次会议。除了在核心定位方面达成一致外，我们还就产品的名称达成了一致：任天堂 Switch。从名称就可以看出，这款设备具有从电视大屏幕游戏机"切换"为便携式掌上游戏机的能力。与此同时，我们艰难地决定，推迟发布游戏《塞尔达传说：旷野之息》(The Legend of Zelda: Breath of the Wild)①，让它与 Wii U 和 Switch 一块推出。

虽然岩田先生在任天堂 Switch 的策划期间中去世了，但这款游戏机仍然留下了许多与他有关的痕迹。这其中包括：直观的用户界面、被称为"欢乐手柄"(Joy-Con)②的独特控制器（可以从主系统中分离出来）以及强大的数字游戏商城（玩家能随时访问丰富的游戏库）。

任天堂 Switch 于 2017 年 3 月推出。在其发布之前的

---

① 《塞尔达传说：旷野之息》是《塞尔达传说》系列的第 19 部作品，于 2017 年 3 月发售于 Wii U 和任天堂 Switch 上。

② Joy-Con 是任天堂 Switch 的主要控制器。它分为独立的两只，每只都含一个类比摇杆和一组按键。Joy-Con 可以装在任天堂 Switch 主机上使用，也可以卸下来无线连接主机使用；分离时一对 Joy-Con 可供一名玩家使用，也可供两名玩家各用一只。

几个月时间里，我们实施了一些关键的营销策略，积极地为销售造势。这其中包括 2016 年 10 月的产品预告片，以及我在《吉米·法伦今夜秀》(The Tonight Show Starring Jimmy Fallon) 展示了任天堂 Switch，吉米·法伦成为第一个体验《塞尔达传说：旷野之息》的非任天堂工作人员。为了实现预期销量，我们甚至在产品上市前去了超级碗（Super Bowl）①做广告。

发布会一切顺利。我们把任天堂 Switch 定价为 299 美元。我们有明确的定位，同时我们还有强大的游戏软件来刺激消费者购买设备。任天堂 Switch 的销量超过了我们第一个销售目标的 50%。其上市的第一个完整年度结束时，任天堂 Switch 已售出超过 1500 万台，超过了 Wii U 在 6 年来的销售总量。在写这本书的时候，任天堂 Switch 仍然是电子游戏历史上销量最高的游戏机。

---

① 超级碗是美国橄榄球联盟的年度冠军赛，胜者被称为"世界冠军"。伴随比赛的举行还有盛大的庆祝活动。超级碗多年来都是全美收视率最高的电视节目，并逐渐成为一个非官方的全国性节日。在超级碗开场前和中场休息的时候，会有很多流行歌手和声乐人进行演出。

> **小贴士**
>
> 卓越的执行力应当得到足够的重视。如果一个想法或者计划没能得到很好地执行，再好的想法也会受到影响。要宣扬卓越执行力的价值，并要求组织对其负责。

成功在望

虽然销售结果令人满意，但我们也看到了适应变化的重要性，我们有必要找到战略的重点。2013 年到 2017 年，任天堂面临着许多挑战。我们需要解决任天堂 3DS 初期销量放缓的问题，需要扭转关键业务的颓势。当智能设备和网店蓬勃发展时，任天堂需要紧跟潮流。所以公司决定拓展移动游戏业务，推出了各种应用程序，既满足了消费者需求，也取得了商业成功。

Wii U 的发布磕磕绊绊。我们把 Wii U 的一些关键元素运用到任天堂 Switch 中，由此转败为胜。我们还确保任天堂 Switch 可以为消费者提供巨大的价值，同时我们持续为玩家提供新的游戏。创新的公司和个人必须具有坚韧不拔的精神，这样才能处理好商业风险带来的不可避免的失败。

成功的公司还必须了解自己的历史资产，在面临危机时战略性地利用这些资产。任天堂的战略资产推动新的游戏风格的诞生：从最初的任天堂娱乐系统到《Wii 运动》游戏。任天堂 Switch 的"随时随地"功能也是这种战略的延续。

对我来说，吸取这些商业教训是很重要的。我渐渐觉得，任天堂现在已经站稳脚跟了。任天堂 Switch 硬件的销售状况好得令人难以置信，软件销售甚至更好。无论是《塞尔达传说：旷野之息》还是《超级马力欧：奥德赛》(Super Mario: Odyssey)、《马力欧卡丁车 8 豪华版》(Mario Kart 8 Deluxe)、《任天堂明星大乱斗：特别版》(Super Smash Bros. Ultimate) 等游戏都是百万级销量的产品。在我提倡采用第三方开发工具后，任天堂 Switch 也成为独立开发者的创新乐园。

然而，随着岩田先生的去世，我深切认识到，生命非常短暂。我会全力向前迈进，在剩下的时间里，我将继续集中精力做事情。

十六 全新一代

那是2019年2月的一次领导团队晚宴。那时，我已经为任天堂美国公司做了整整一年的战略审查和财务规划。通常情况下，我会在1月底或2月初前往日本，确定公司大致的财务参数，明确在新的财政年度（4月1日开始），我们对任天堂公司整体业绩的贡献额。有了这些财务参数后，我会与领导团队举行为期一天的会议，调整任天堂美国公司的业务重点，以达成财务业绩指标。我们总是在前一天晚上举办晚宴来为这些活动做准备。

这次的晚宴很特别，有几个原因。首先，弗利普·莫仕将在 2 个月后从公司退休，这将是他与团队的最后一次会议。他已经有了继任者，继任者将与他一起参加晚宴以及第二天的会议。

在 15 年前的招聘午餐会上，弗利普和我尴尬地相识。但他与我积极合作，推动任天堂美国公司实施了许多变革性的举措。在我和弗利普的合作过程中，公司的招聘流程、新员工入职培训、激励和认可方案以及薪酬结构都得到了改善。我们一起经历了一段美妙的旅程。

> **小贴士**
>
> 一段商业关系开始时可能很尴尬。你需要继续投入时间和精力来改善关系。要理性判断，不断了解同事。一开始，你可能误打误撞，但是随着时间的推移，你会建立起一段有价值的关系。

这次晚餐比较特别的第二个原因是，我将正式宣布从公司退休。大约一半的参会者已经得到消息了。弗利普和人力资源部门的新负责人也知道这一情况,因为我们已经安排好了我离职后公司全新的组织结构。

我的继任者道格·鲍瑟(Doug Bowser)也知道这件事。4年前,我们聘请道格来主管销售业务。除了与马力欧的头号克星酷霸王(Bowser)①同名之外,道格还拥有完美适合任天堂的背景。道格也是在宝洁公司开启了商业生涯,他做的是销售方面的工作,当时我们没有什么互动的机会。在加入任天堂之前,道格在EA公司工作了8年多,EA是业内最大的游戏开发商和出版商之一。在任天堂美国公司,道格迅速成长,2016年开始参与营销工作。

"各位同事,"我对聚在一起的大伙说道,"我们分享了巨大的成功。任天堂Switch打破了销售纪录。游戏软件的销量达到了前所未闻的水平。我们展现出了强大的盈利能力,从关键指标来看,我们是所有子公司中表现最好的。但更重要的是,我们有强大的组织。我们已经能从公司内部选拔人员晋升,可以赋予员工更多的责任,不必从外部招聘高级管理人员。这就是为什么我选择在这个时候从公

---

① 酷霸王是宫本茂设计的一个虚构游戏人物,首次亮相于《超级马力欧兄弟》,后演变成取代大金刚成为敌人首领的角色。

司退休。"

大家感到震惊,有些人无法隐藏情绪的变化。我的眼睛也开始湿润了。但我得继续讲下去。

"我知道这很让人感到震惊。在你开口问我之前,我可以告诉你,离职不是因为健康问题。事实上,我已经考虑这个问题有一段时间了。但是在我离开之前,我需要公司的业务有稳固的基础。"

说到这里,我看了看唐·詹姆斯。在公司业务从任天堂 64 过渡到任天堂 GameCube 的过程中,唐本人晋升为运营执行副总裁。在这期间,公司也更换了财务和营销领域的高级领导人。他亲身体会到了在公司业务陷入困境时更换高级领导的困难。

"我应当领导团队到位。道格将是我的继任者。我们都看到了他在领导销售和营销团队时的表现。他一直在花时间与任天堂公司日本总部的主要领导人打磨关系。他会继续维护这些关系。我知道他是掌管蘑菇王国(Mushroom Kingdom)[①]钥匙的合适人选。"我不得不抛出《超级马力欧》里的梗来缓和气氛。我看到其他人的眼睛闪着泪光。

---

① 蘑菇王国是《超级马力欧》系列游戏中的虚构公国。

"所以，我与弗利普选择在相同的日子退休：2019年4月15日。我们一起在公司推行了众多举措，这也是我们最后一次为公司下一阶段的发展做准备了。"

> **小贴士**
>
> 在退出一个角色时，伟大的领导者知道，即使他们离开后团队也会继续有良好的表现。这是塑造优良传统的最后一步。领导者做了所有的指导工作，制订了继任计划，为组织的成功做好了准备。

然后我开始敬酒，开始讲述我在任天堂美国公司的故事。这是让大家了解情况的好办法：通过欢快的故事，讲述我们如何一起工作，共同创造出史诗般的产品，由此改变了电子游戏行业。

真正的退休准备工作从第二天开始，因为我还在打磨沟通计划。我们知道这个消息不可能保密太长时间。虽然不是恶意的，但不可避免地有人会走漏消息，会有人评头论足。我决定在晚宴后的两周内宣布退休以及道格的晋升。宣布之后，我们将与华盛顿、加利福尼亚和纽约的员工举行一系列会议。道格和我将与主要业务伙伴举行电话会议。

需要明确的是,道格将以自己的方式领导公司的发展。在处理公司业务或与媒体打交道时,他不是我的模仿者。当任天堂需要强大而突出的领导者时,我曾担任任天堂美国公司的总裁和首席运营官。在公司里里外外,我与岩田先生和宫本茂先生有着传奇般的合作,但是道格会以自己的风格来领导公司。我需要我们的支持者理解并接受这一点。

接下来的两个月时间过得很快。道格和我在一起工作的时间更长了,我让他接触到财务、技术和产品开发等领域,他之前主要负责销售和市场,很少有机会参与这些领域的工作。我还花了很长时间与领导团队的每个成员沟通,向他们保证,公司业务会一直保持不错的状态。

小贴士

没有两个领导者是完全相同的,因此领导层的过渡应该考虑到差异。离任的领导人需要帮助新任领导人进行适当的定位,对

> 风格或方法上的差异应该有明确的预期，但是最后的结果应该是相同的。
>
> 这是非常具有战略意义的过程。有人不可避免地会问："那我呢？没有你在这里，我将如何继续成长？"这时，你可以提出个性化的评论和建议。

在这期间，我还接到了瑞林艺术与设计学院（Ringling College of Art and Design，简称RCAD）院长拉里·汤普森博士（Larry Thompson）打来的电话。我的女儿在该校的插画专业读大四，一开始我担心是她出了什么问题。"没有，她没什么事情，"拉里说道，"我打电话是与你有关。我想正式邀请你在今年5月瑞林艺术与设计学院的毕业典礼上发表演讲。"

"拉里，这是巨大的荣誉。我的女儿今年毕业。我每年至少来校园一次，对校园非常熟悉。我认识她的许多朋友，我相信这会是一次愉快的经历。但你得知道，到5月的时候，我已经不再担任任天堂美国公司的总裁。"我需要确保他想邀请的是我这个人，而不是因为我担任的角色或与公司的关系才来邀请我。

"雷吉,这太完美了!我们很荣幸能在你退休后的第一次公开露面中接待你!我们期待你的到来,期待你那充满力量的故事,期待你给我们的学生带来智慧。"就这样,我退休后的第一场活动就确定下来了。

我开始精心准备一场有价值的毕业典礼演讲。在担任任天堂美国公司总裁的最后几年里,我与康奈尔大学的负责人取得了联系,在戴森应用经济和管理学院(Dyson School of Applied Economics and Management)和传播学院(Department of Communication)的咨询委员会中任职。

在回到校园参观的过程中,我与学生见面,分享个人故事和生活原则。从布朗克斯到康奈尔,从宝洁到任天堂,我获得了宝贵的经验。学生的反应让我明白,这些经验不仅关乎领导力,而且关乎生活。对于我面临的障碍和挫折,学生们感到惊讶,每个人都会面临障碍和挫折,但我坚持不懈地克服了困难。

因此,与那些在毕业典礼上发表陈词滥调和老生常谈的商业领袖不同,我决定围绕我的5项生活原则来设计在瑞林艺术与设计学院毕业典礼上的演讲:

1. 做什么一切都由你——我发现许多年轻人放弃了一部分生活，因为他们要考虑父母、老师、其他成年人和顾问的想法，你需要走自己的路，就像我选择进入康奈尔大学，后来开始一系列商业旅程一样；

2. 生活很艰难，要拼尽全力——虽然我取得了一些成就，但我也曾面临异常艰难的时刻，坚韧和勇气是每个人的必备素质；

3. 要持开放态度——如果我没有冒着风险加入宝洁公司而是去银行工作，我的生活会非常不同，有些人曾劝我不要加入任天堂，如果听了他们的话，我的生活会是另一种样子；

4. 拥抱恐惧——学习如何成为优秀的公共演讲者是我需要克服的恐惧之一，如果没有这种能力，我会错过许多商业机会和个人成长的机会；

5. 活在当下，寻找乐趣——我对水肺潜水充满热情，我也会寻找其他方式来放松，缓解生活的压力，这有助于我提升实现目标的能力。

带着和过去商业演讲一样的热情，我积极地为这场演讲做准备。我甚至让已经退休的唐·瓦里尤看了一遍稿子，我们像以前一样一起修改了部分文字。我的退休生活由此拉开序幕。

当我第一次开始考虑退休问题时，医生给了我明智的建议。"雷吉，你不是那种在退休后什么都不做的人。你需要想清楚你喜欢做什么，然后想办法与喜欢的人或团队一起工作。"

> **小贴士**
>
> 每个项目都要从愿景开始。这意味着你需要描绘实现目标的蓝图。你的愿景必须是清晰的。它应该用文字或者视频的方式记录。它需要有说服力，可以激励所有的人。在一些日子里，朝着愿景前进会困难重重。你可以重新回顾你当初的愿景，重新变得专注，重新充满活力。

就像在整个职业生涯中为品牌和企业所做的那样，我也思考了退休后的愿景。我意识到，我喜欢帮助人们成长，帮助企业扩大规模。从我最早的人事管理经验来看，当我帮助人们获得成长时，我总是能获得极大的成就感。我知道，我喜欢成长中的企业，喜欢克服复杂的挑战。现在，我希望在退休后能找到同样的乐趣。

我的愿景如下：激励和赋能新一代的领导者。我将通过一对一的直接互动、公开演讲等大范围的互动以及写这本书来实现这一目标。我将想办法回馈我所珍视的社区和企业，希望我能塑造未来的领导者和未来的公司。

就在我有了这些想法的同时，康奈尔大学戴森应用经济和管理学院向我提供了一个独特的机会。学校一直在考虑创建一个"常驻领导者项目"。在这个项目中，一名企业高管将在校园里与学生、教师和管理人员互动交流，进行一系列的课堂教学和校园讲座，持续整整一年时间。这将使我每年有两到三次机会回到伊萨卡校区，每次为期一周，与大家分享我的领导经验和生活原则。

我对这个机会跃跃欲试。康奈尔大学对我的成长具有基础作用，我希望自己最终能有所"回报"。在我第一次以驻校领导者的身份访问期间，我在全校范围内就我的领导经验和生活原则做了一次讲座，其中有许多关于设定宏伟愿景和勇于决策的故事。讲座在校园内最大的场地举行。我提醒工作人员要做好准备，预计当我结束演讲时，参会者可能会排队提问和拍照。起初，他们并不重视这些问题,但随着时间的临近,越来越多的人参与到活动中,学校的保安也变得紧张起来。

我发表了关于"新一代领导原则"的演讲。活动结束后,我们安排了大约30分钟的问答时间,参会者在大厅的两个麦克风前排队。果然不出我所料,参会者疯狂地抢着排队,他们询问我的个人生活、我与任天堂的合作,甚至有人问起当前的政治问题。问答环节大家都很活跃,时间也很长。

问答之后,我们又找了一块区域,参会者排队与我进行简短的交谈或自拍。活动持续了近两个小时,最后大家还拍了集体照。这既让人筋疲力尽,又令人感到充实。

我的面前还有另外一个独特的机会。知名记者和作家哈罗德·戈德堡(Harold Goldberg)创立了一个特殊的非营利组织,这个组织以电子游戏为媒介,帮助那些在纽约市社区生活条件不佳的年轻人培养写作、批判性思维和沟通技能。2018年底,我和他一起在梦园预备学院(Dreamyard Preparatory Academy)上了一堂课,这是一所以艺术为重点的公立高中,离我长大的布朗克斯区的大楼不到五千米。

在这次访问中，我向这些学生传达了一个简单的观点：我曾经是你，你也可以是我。我是在中下阶层的环境中长大的孩子，但对成功的渴望激励我走上了成功的道路。无论是学术、体育还是职业成就，勇气和决心是我人生旅程中的关键因素。

我还告诉他们，要获得成功，能力和机会都不可或缺。能力是通过他们在学校、家里或兼职时辛勤学习、工作所培养的，许多人的兼职是为了减轻家庭的经济压力。当你站出来运用这些技能去实现一些重要的事情时，机会就出现了。

虽然学生专注地听着我说的每一个字，但实际上我也被他们的故事感动了。这些学生在家庭和邻里中处境艰难，但他们仍然获得了成功。我想更多地参与进来。

我与哈罗德打过好几次电话谈论退休问题。我当初在游戏行业时，他曾多次采访我，在这次梦园预备学院的经历后，我们的关系越来越密切。"雷吉，"他说，"你为什么不更多地参与到我的非营利组织来？你已经看到了我们做的工作很有意义。我也看到了学生们听你讲话时脸上的表情。你的故事对这些孩子是一种激励。"

回想起来，我意识到，除了我的父母之外，我在上康奈尔大学之前没有真正的导师。我从来没有机会听别人解释如何迎接挑战，没有机会听别人分享实现伟大梦想的体会。为布朗克斯区和曼哈顿下城（Lower Manhattan）的年轻人做这件事，我是一个完美的人选。于是加入纽约电子游戏评论家协会（New York Videogame Critics Circle）成为我退休后的第一个董事会职位。

对我来说，还有其他"重操旧业"的时刻。迪娜·豪尔是我在宝洁公司雇用的一名女性员工，她打破了品牌管理模式，在公司获得了长久的成功。她把我介绍给玩具公司斯平玛斯特（Spin Master）的创始人。这家公司高度的创造力和创新性让我想起了任天堂，但目前公司正需要培养卓越执行力。这家公司拥有《汪汪队立大功》（*PAW Patrol*）[1]和《爆丸》（*Bakugan*）[2]等关键动画品牌，他们正在电影娱乐和数字游戏领域打造新的品牌。他们需要超越目

---

[1] 《汪汪队立大功》是加拿大电脑成像儿童动画剧集，由基思·查普曼创作，斯平玛斯特制作，讲述了由精通科技且热心的11岁小孩莱德所带领的小狗巡逻队共同保护冒险湾这个海岸城市的故事。

[2] 《爆丸》是一部由日本和美国合作打造的动画，从2007年4月5日起开始在东京电视台播放。

前 15 亿美元的收入，这与我的能力和经验完全相符。

在我退休一周年后，我加入了斯平玛斯特和游戏驿站的董事会。与此同时，由于新冠疫情，企业和学校相继关闭。2020 年 3 月，我曾计划去西南偏南地区做主题演讲，但不幸的是，活动被取消了。董事会会议转为线上，但开会的频率大大提高，因为公司管理层既想维持企业的发展，又想保护员工的安全。

我分享了对公司面临的商业挑战的看法，但这次的疫情是完全不同的挑战。在处理日常挑战的过程中，我们都在学习。

在每次电话或视频会议上，我反复重申的观点是在管理业务和处理复杂问题时必须坚持原则。保护一线工人，让办公室员工能有效地居家办公是最重要的问题。最关键的是，始终要做正确的事。

后 记

结束没那么简单,无论是结束工作还是结束本书。你该怎样去总结,才能让你的经验令人难忘,造福大家?我想教给你一些办法,但办法是什么呢?

我突然想到,我有两点简单的看法。

第一,在职业生涯中向最重要的人学习。你既可以在工作中向他们学习,甚至他们不在场了,你也可以继续向他们学习。

第二,一旦成为颠覆者,就永远是颠覆者。尽管我已经不在任天堂工作了,但我仍然寻找着颠覆的机会,这让我热血沸腾，帮助我创造价值。我希望其他人也可以这么觉得。

让我最后分享几个故事，说明这两点。

见贤思齐

在写这本书时，我谈到了职业生涯中一些重要的人际关系。我想花更多的笔墨来讲述我与其中两个人的故事，表达我对他们的欣赏。

首先是我与岩田先生的关系。当我谈到与朋友和领导参与的一些关键会议时，我把重点放在了解决冲突或分歧上。这些都是非常具有戏剧性的时刻，但是这些时刻更多是例外，而不是常规情况。

事实上，更多的时候，我们可以达成一致，对彼此的想法有进一步的理解并推动事情的发展，而不是一直争论不休。我很幸运，岩田先生早早就会和我分享想法，让我提意见，询问我关于西方市场的看法。在公开会议上，他会称赞我的想法和意见，这在日本企业管理中是很罕见的。岩田先生会邀请我参加任天堂欧洲公司举行的会议，然后询问我对其业绩和未来计划的意见。我很自豪地支持他，很自豪成为颠覆游戏行业、取得卓越表现的公司的一分子。在岩田先生任期内，任天堂在全球范围内取得了优异的成绩。

第二是我与宫本茂先生的关系。这段关系要正式得多，但我也能不时地洞察到他极具创造性的天才时刻。

我与宫本茂先生相处的大部分时间是在京都举行的小组战略会议或产品审查会议中度过的。在这些会议上，他通常不会问很多问题。相反，他会在一个小的、皮革装订的日记本上仔细地记录着。在任天堂任职初期的一次午餐时，我与他坐在一起，问他在日记中写些什么。

"雷吉先生，我在捕捉想法。我一直在思考新的观点。"

许多年后，当宫本茂先生在纽约市参加发布会时，我再次看到了他埋头记笔记的场景。当时我在公关部门的朋友皆川恭广先生和宫本茂先生坐在一起。按照惯例，每次来美国时，皆川恭广先生和我会在晚餐后去喝一杯。我知道他喜欢苏格兰威士忌，于是在金斯牛排馆（Keens Steakhouse）订了座位，这是纽约最古老的餐厅之一，拥有世界一流的苏格兰威士忌和葡萄酒。

我们约好了在酒店大堂见面，皆川恭广先生给我打来电话。"雷吉，宫本茂先生想加入我们，你觉得可以吗？"

"当然可以。我很喜欢和他待在一起。但我知道宫本茂先生不喝酒，我们在享用睡前酒时，他能做点什么呢？"

"雷吉，宫本茂先生只是想和你一起度过休闲时光。你知道他喜欢咖啡，我们给他点一壶，他会很开心的。"

我们坐了下来，宫本茂先生喝的是黑咖啡，皆川恭广先生喝的是上等苏格兰威士忌，我喝的是上等波尔多红酒。皆川恭广先生成了大忙人，他把宫本茂先生的话翻译成英语给我听，同时教宫本茂先生（他对英语的理解相当好）一些复杂的英语单词或概念。

我注意到，宫本茂先生一直在盯着餐厅的天花板。他在看天花板上排列着的数千只细长的烟斗。

"雷吉先生，这些烟斗有什么故事吗？"

我对17—18世纪的历史有点儿了解，我知道顾客会把他们的烟斗存放在当地的酒馆或旅馆。这些黏土烟斗非常脆弱，所以在被转运到牛排馆后，它们会被一直保存在这里以确保安全。食客们会在饭后点燃烟斗。我与宫本先生分享了我的理解，但这并不充分。他说："我想了解更多。"

我把服务员叫过来，让她进一步解释关于烟斗的情况。但她的解释也没有提供更多的细节。我们继续把更多的员工叫过来，首先是服务主管；接下来是前台经理；最后，餐厅的高级经理向宫本茂先生详细介绍了一个烟斗俱乐部，其成员包括泰迪·罗斯福（Teddy Roosevelt）、贝比·鲁斯（Babe Ruth）和道格拉斯·麦克阿瑟（Douglas MacArthur）将军等名人。他还分享了许多目前在餐厅存放烟斗的名人的名字。

在这一过程中，我把注意力放在宫本茂先生身上。皆川恭广先生在一旁帮忙翻译，宫本茂先生一直在微笑着听这个故事。他歪着头，注视着天花板上的烟斗。我想象着宫本茂先生大脑中翻腾的想法。如果下次在任天堂的游戏中，你看到一间天花板上有长长的、细茎的烟斗的房间，你会知道这个想法来自哪里。

我很幸运能与宫本茂先生和岩田先生合作，向游戏行业中两个最具创造性和创新性的大人物学习。

大胆说"不"

从任天堂退休后，我仍在不断吸取教训，寻找颠覆的方法。在游戏驿站董事会经历了动荡的一年后，我决定不参加竞选连任。我加入游戏驿站董事会是因为我觉得有机会帮助这家财富500强公司重新站稳脚跟，但是华尔街不这么认为。

大型对冲基金正在"做空"公司股票，他们认为股价一定会下跌而不会上涨。2020年4月加入董事会之前，我与游戏驿站的首席执行官和其他董事会成员交谈过，那时的股票价格低于每股5美元。金融市场认为，游戏驿站将在当年晚些时候、在PlayStation和Xbox的新系统推出之前破产。随着当年春天新冠疫情的暴发，公司下行压力加剧。

在董事会的幕后指导下，游戏驿站的管理层采取了正确的行动。他们成功地与房东谈判，如果商店关闭或者营业时间有限，可以免掉一部分房租。管理层也在壮大电子商务能力，无论客户想在商店还是通过公司的网站购买产品，他们能为客户提供周到的服务。同时管理层也在与供应商谈判，想获得在假日销售旺季所需的关键商品。

随着游戏驿站渡过新冠疫情，公司偿还了一些债务，到2020年秋天，股价翻了一番多。

一位投资者看到了更多的机会。成功的宠物用品电商嚼嚼公司（Chewy）①的联合创始人瑞安·科恩（Ryan Cohen）在公司积累了近10%的股票所有权。实际上，在我加入的前一年，瑞安曾被邀请加入游戏驿站的董事会。虽然瑞安拒绝了，但他事实上充满了兴趣。

瑞安公开了他在2020年11月发给游戏驿站董事会的一封信，信中要求进行多项改革。公司没有与大股东展开激烈的公开斗争，而是提名瑞安和另外两名前Chewy高管于2021年1月加入董事会。这一决定首先向少数董事会成员宣布，然后计划在6月再向股东宣布。我也是提前知道的少数董事会成员之一。

在完全投入工作之前，我与新的董事会成员进行了一

---

① Chewy是美国一家宠物食品和宠物相关产品的在线零售商。2017年，Chewy被PetSmart以33.5亿美元收购，这是当时有史以来最大的一例电商收购案。Chewy于2019年完成首次公开募股，募集资金达10亿美元。

系列互动。我想了解他们，了解他们的背景和计划，最重要的是，我想明白他们是在寻找一个具有战略洞察力和颠覆性想法的合作伙伴，还是只是在寻找一个可以不假思索同意他们想法的人。

董事会内部在讨论成立一个新的战略规划和资本分配委员会。这个小组将负责对公司的潜在选择进行深入的战略审查。我要求加入这个委员会，想要负责制订改革游戏驿站的计划。这很有意义，因为我在董事会中拥有最深厚的行业知识。顾客可以从 PlayStation 和任天堂等平台下载软件。游戏驿站如何能满足顾客的更多需求呢？对此我有自己的想法。我曾作为供应商和客户与游戏驿站做过交易，我可以指出痛点和机会。

但是我遭到了拒绝。他们希望委员会保持较小的规模。他们希望快速行动。我的理解是他们不希望有人挑战公司的发展方向。

对我来说，警钟已经响起。当 Chewy 被卖给智宠（PetSmart）[①]时，它是一家 10 亿美元的公司。游戏驿站则是一家 50 亿美元的公司，而且已经通过网站获得了近 10 亿美

[①] PetSmart 是美国一家私人宠物超市连锁店。

元的收入。这是完全不同的类别，完全不同的市场动态。

除此之外，还有公司管理上的差异。瑞安管理 Chewy 的时候，Chewy 是一家私有公司，他可以做任何他想做的事。但是游戏驿站需要向股东交代，需要遵守政府规则。

就在这些谈话之后不久，我告诉瑞安，我不会寻求连任。事实上，所有的独立董事会成员都决定退出董事会，除了其他前 Chewy 员工。

> **小贴士**
>
> 要有原则地颠覆。在任何情况下，无论是在董事会还是在领导岗位上，既要坚持核心原则，也要努力去撼动固有的局面。如果你不能做到这两点，那么你就必须离开，等到有机会了再来颠覆。

游戏继续

我继续以顾问和投资者的身份参与到游戏行业中。在这个行业，我有许多朋友和熟人，我可以早早地就看出各种想法的发展结果。现在，我是许多年轻高管的导师，这些高管希望用突破性的想法来颠覆行业。

我很幸运地参与了各种创意项目。最令人兴奋的是与纽约电子游戏评论家协会的创始人哈罗德·戈德堡和奥斯卡获奖制片人、康奈尔大学的校友瑞安·西尔伯特（Ryan Silbert）合作，我们共同拍摄了一部纪录片。创作纪录片是一条漫长而曲折的道路，我不会分享更多的概念或预期的时间，但我对有可能从事电影和播客方面的工作感到兴奋，这将有助于我进一步完成激励和赋能下一代领导者的使命。

董事会服务和创意项目给了我充足的时间来思考颠覆的价值。无论你是从商业、气候、政治还是社会正义等角度来看，我们的世界都在不断变化。然而，人们提供的解决方案总是千篇一律、毫无新意。

因为依赖旧的方法，我们陷入了困境。此外，人们还害怕承担风险，他们害怕因为改变得太厉害、因为提出完全不同的方法而得罪别人。他们不希望自己的方案被"取消"。

我们生活与工作的时代面临着巨大又复杂的问题。

传统思维、害怕做不同的事情无法带来解决方案。你需要颠覆游戏。颠覆可以创新思维,让你找到更有效的解决方案。

在你自己人生的轨道上选择正确的主题,积极采用新思维和新方法,推动变革,颠覆游戏。

致 谢

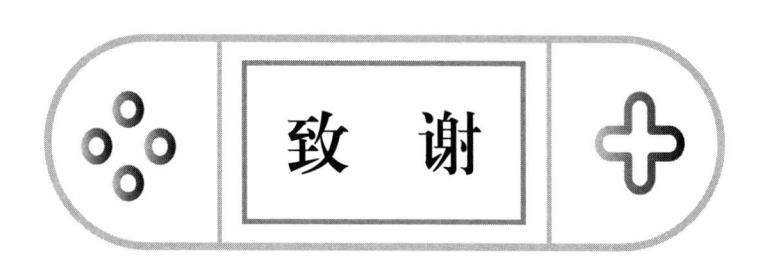

我很幸运，在人生的旅程中，遇到了许多不错的导师、上级和支持者。

父母是我的第一任导师。他们教我明辨是非，告诉我坚持原则的价值。不幸的是，我的父亲在我刚开始写这本书时就去世了。我的母亲喜欢看老照片，喜欢确认生活的细节，她给我讲述了许多家庭故事。反过来，在听到我的许多新奇故事后，她感到非常惊讶。

在学生时代，我很幸运地拥有一群非常重要的朋友。在过去的几年里，我与4个当时最要好的朋友重新取得了联系，我们称自己为"布伦特伍德五人组"（Brentwood Five）。大家每个人都有不错的事业和美好的家庭生活。当又看到彼此时，我们找到了旧时光和新体验的奇妙平衡。在写这部书稿的过程中，这些朋友对我帮助很大，他们让我的写作有了依据。

就像布伦特伍德的朋友一样，我在康奈尔大学的朋友，我在PSK兄弟会的兄弟，以及我职业生涯中每一阶段的同事都在帮助我成长。在我为任天堂工作的10年里，我的朋友和同事对我的帮助尤其大，他们人数众多，这里我无法一一提及。感谢你们的友谊和支持。

在本书中，我曾提到职业生涯中遇到的关键导师：康奈尔大学的阿普林教授和安德森教授、宝洁公司的鲍勃·吉尔、健力士进口公司的加里·马修斯、VH1公司的约翰·赛克斯以及任天堂的岩田先生。在把我塑造成为优秀的企业高管、让我变成更好的人的过程中，他们的作用是无价的。

弗雷德·库克是高诚公关公司（任天堂美国公司的公共关系机构）的名誉主席，在我退休后不久，库克拜访了斯泰西和我，正是他促成了这本书的出现。在晚餐时，我们谈到了库克的书《即兴创作》(*Improvise*)，他告诉我，我应该去写自己的书。接着他把我介绍给布鲁斯·韦克斯勒，这是出版业的一位专家，曾参与过不同类型的畅销书的创作。布鲁斯阅读了这本书的手稿的每一个提纲和章节。他利用一切机会使这本书变得更好。

萨拉·肯德里克、罗恩·惠津格、西西里·阿克斯顿以及哈珀柯林斯领导力出版社的整个团队不懈努力，他们帮助我这个新手作者在疫情肆虐和供应链面临危机的大环境下出版了这本书。感谢你们，尽管面临种种挑战，但你们的努力成就了伟大的事业。

霍华德·尹、芭芭拉·亨德里克斯和尼娜·诺乔里诺提供了极大的帮助，尽管我不断提出问题和建议，想要探索其他方法，但他们仍然推动项目向前进展。

我要特别感谢我最好的校对人员：我的妻子斯泰西，她阅读了每一个版本的手稿，同时与我分享了她的想法。感谢斯泰西的妹妹艾米·卢斯，她慷慨地抽出时间，利用自己的语法专业知识，确保了我们的工作不出错误。本书任何与《芝加哥风格手册》(*The Chicago Manual of Style*)不一致的地方都是我个人的错误。

除了书中提到的人外，我还要特别感谢：詹妮弗·阿切尔、艾莉森·霍尔特·布鲁梅尔坎普、吉米·法伦、里克·弗拉姆、凯莉·伯格斯特罗姆–霍尔斯、肯·卡尔威尔、乔治·哈里森、吉姆·亨德森、布兰登·希尔、斯蒂芬·琼斯、戴夫·卡斯、杰夫·基斯利、马克·凯勒、里克·莱斯利、多姆·麦欧罗、奇普·马泰拉、P.J.麦克尼利、安娜·尼禄、布鲁斯·雷恩斯、阿俊·森、凯文·雪莉、瑞安·西尔伯特、史蒂夫·辛格、杰奎利·斯托里、莱斯利·斯旺、丽安·拉米雷斯·斯维尔克、安德鲁·斯威南德、艾琳·坦纳、罗伯·汤普森、克里斯蒂·汤姆金斯以及丽莎·兹罗特尼克。

最后，我想感谢你，我的读者。我还要感谢所有在线下和网上继续与我联系的人。我希望我的故事和看法可以帮助你打破生活的现状。